開拓使札幌本庁舎（明治６年）

分領管轄図

明治2年末現在

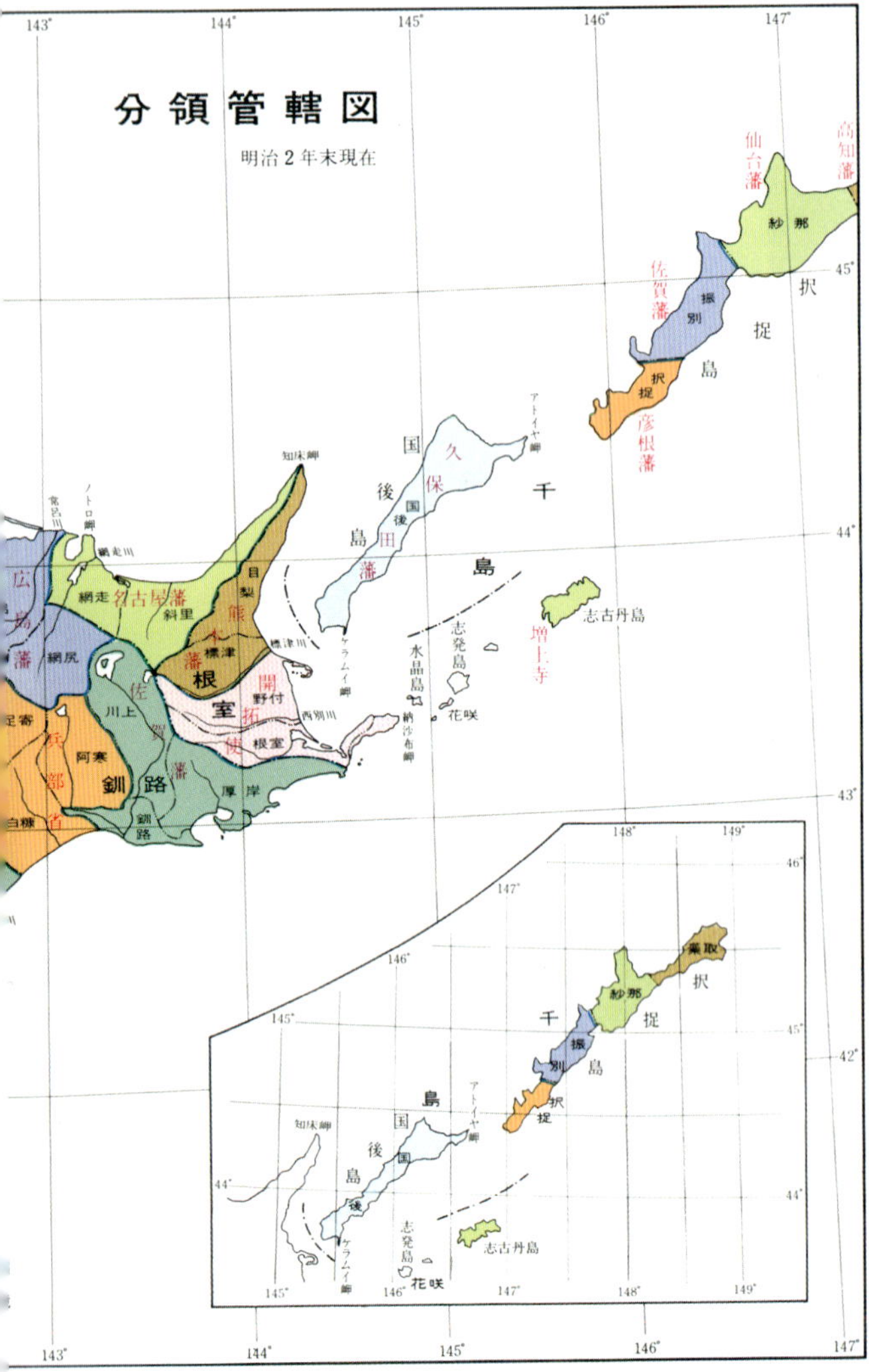

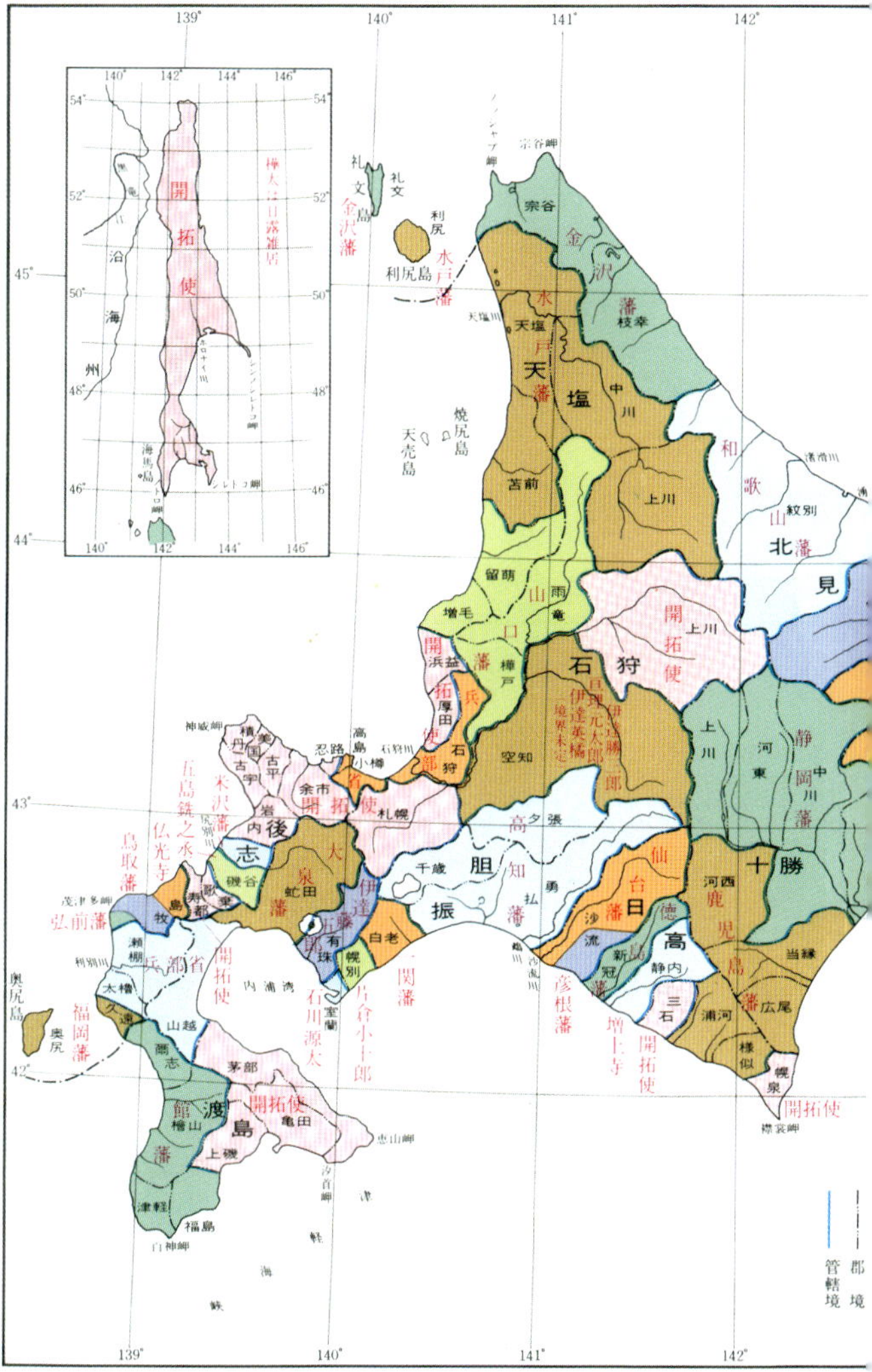

分類管轄図（明治２末現在）（『新北海道史』第三巻通説二）

明治期北海道の裁判制度

牧口準市

北方新書

018

はじめに

明治期における北海道については、歴史・政治・社会・経済等多くの分野で研究がされております。しかし、司法の分野では余り進んでいない。そこで平成二十一年八月二十一日から「明治期における北海道の司法」を課題として学者としてではなく弁護士の手法で研究を進めたものであります。

その著書は、組織論として『開拓使時代の司法』（平成二十四年七月）、『明治期における北海道裁判所代言人弁護士史録』（平成二十六年六月）を著作し、具体的事件として『箱館戦争裁判記―榎本釜次郎外数名糺問幷所置事件―』（平成二十八年六月）を著作しました。次いで北方新書版として『明治期北海道の司法―箱館戦争・ガルトネル事件等五事件―』（平成三十年六月）を刊行し、今回その組織論として『明治期北海道の裁判制度』

を著作したものであります。

主な研究資料は、国立国会図書館・国立公文書館・東京大学史料編纂所・宮内庁公文書館・北海道立図書館・札幌市中央図書館・北海道大学附属図書館および函館地方裁判所等所蔵の資料・古文書であります。調査段階においては、多くご協力もいただきました。

私は、八十七歳の高齢であります。裁判所関係職員二十年、弁護士五十年となりました。本書は最終著書であります。ありがとうございました。

令和元年六月十五日

弁護士　牧口　準市

目次

明治期北海道の裁判制度

明治期北海道の裁判動向

明治期北海道の弁護士制度

資　料　編

序　説

慶応三年十月十四日、将軍徳川慶喜から朝廷に対し**大政奉還**がなされた（布告第一号）。そして同年十二月九日王政復古が宣言され、総裁・議定・参与の三職が置かれた（布告第一三号）。ここに明治政府が成立した。

明治元年一月十七日、明治政府は三職七総督制の官制となり総裁、議定、参与のもとに神祇事務総督、内国事務総督・外国事務総督・海陸軍務総督・会計事務総督・刑法事務総督および制度寮総督が置かれた（布告三六号）。次いで同年二月三日、三職八局制に改正され三職のもとに総裁局・神祇事務局・内国事務局・外国事務局・軍防事務局・会計事務局・刑法事務局および制度事務局が置かれた（布告七三号）。そして蝦夷地では、同年四月十二日箱館裁判所が設置され（布告第二三三号）、同年閏四月二十四日箱館裁判所は箱館府に改正された（太政官布告第三四二号）。

明治元年閏四月二十一日、**政体**（太政官布告第三三一号）が公布された。国・地方団体の設置・組織・権限が定められた。中央政府として太政官・議政官・行政官・神祇官・会計官・軍務官・外国官・刑法官、地方組織として府・藩・県が置かれた。司法機関は、行政官（聴訟・民事）・刑法官（断獄・刑事）である。府・藩・県は、九府二三県二七二藩である。

明治元年八月十九日、**箱館戦争**が開始した。同日榎本釜次郎等は、開陽等八隻に二、〇〇〇余名を乗組させ品川沖を出帆脱走し、仙台を経由して大島等仙台脱走組一、三〇〇余名と同年十月十八日蝦夷嶋の鷲ノ木浦に到達した。そして同月二十五日、箱館・五稜郭を占拠し、同年十二月十五日蝦夷嶋政府を創設した。総裁は榎本釜次郎である。これに対し新政府軍は、明治二年五月十一日から総攻撃を開始した。政府軍は八、〇四一名である。陸軍参謀黒田了介、海軍参謀増田佑準等が指揮官である。同年五月十八日旧幕府軍榎本釜次郎等は新政府軍の軍門に下った。そして、軍務官糺問所辰之口揚屋に拘留された。榎本釜次郎等は、明治五年一月六日赦免された。

明治二年六月十七日**版籍奉還**がなされた（太政官布告第五四三・五四四号）。明治二年七月八日**職員令**（太政官布告第六二二号）が布告され、神祇官・太政官・民部省・大蔵省・兵部省・刑部省・宮内省・外務省、令外官として蝦夷地に**開拓使**、地方に府・藩・県が置かれた。司法関係は、民部省が民事、刑部省が刑事関係を所管した。そして蝦夷地においては、明治二年七月二十四日箱館府は廃止され（太政官布告第六七〇号）、明治二年八月十五日蝦夷地を北海道に改称し一一か国に分割された（太政官布告第七三四号）。明治二年九月二十五日、開拓使長官外官員一〇〇余名が箱館に到着し開拓使出張所が開設された。そして、開拓使に対し犯罪者処分の権限が付与された（太政官指令）。明治二年九月三十日「はこだて」の文字は「箱館」から「函館」に改められた。

明治三年五月二十五日獄庭規則（刑部省定第三六九号）が制定された。同規則は、刑事々件の規定であるが民事々件についても適用された。明治三年十一月二十八日、民事訴訟に関し府藩県交渉訴訟准判規程（太政官布告第八七八号）（改正府藩県交渉訴訟准判規程明治四年六月二十二日太政官布告第三〇二号）、明治三年十二月二十日刑事訴訟に関し新律綱領（太政官布告第九四四号）が制定された。

明治四年七月九日、刑部省、弾正台が廃止され司法省が設置された（太政官布告第三三六号）。司法省における司法卿の権限は、「総判執法申律折獄断訟捕亡」と定められた（太政官布告第三四二号）。太政官は司法省の照会に対し、司法省は具体的「裁判ノ事ニ関係スルコトナシ」とした。明治四年七月十四日**廃藩置県**（太政官布告第三五三号）が実施された。明治四年七月一日、民事訴訟に関し「東京裁判所・解部掛り聴訟取扱大概順序」が規定された（石井良助『近世民事訴訟法史』四〇一頁）。明治四年十月二十八日府県官制（太政官布告第五六〇号）、同年十一月二十七日県治条例（太政官布告第六二三号）が布告され廃藩後の地方行政機関として府・県（知事・参事）が設置された。明治四年十二月二十七日、司法省の「別局」として東京裁判所が設置された（太政官布告第六七七号）。

明治五年八月三日**司法職務定制**（太政官達無号）が制定され、**司法省臨時裁判所―司法省裁判所―出張裁判所―府・県裁判所―区裁判所**が設置された。そして裁判方式として、聴訟順序（民事訴訟）、断獄順序（刑事訴訟）が定められた。府県裁判所は、東京等二二裁判所である。北海道は府県裁判所が置かれることなく、開拓使の「地方官」が裁判を所管した。

明治六年七月十七日、訴答文例（太政官布告第二四七号）、同年十一月五日出訴期限規則（太政官布告第三六二号）が布告され、訴状の具体的記載内容、出訴期限等を定められた。民事訴訟の進歩がみられた。

函館は、開港地で外国人との間の訴訟が多く、「地方官」による裁判に限界があった。そこで明治七年一月八日、司法省所管の**函館裁判所**が置かれた（太政官達無号）。これにより北海道における裁判は、札幌本庁・根室支庁所轄地は開拓使、函館支庁所轄地は司法省管下の函館裁判所が管轄することとなった。裁判機関の二元化構造である。同年八月十一日、函館においてドイツ代弁領事R・ハーバー殺人事件が起きた。

明治八年四月十四日、大審院が設置された（太政官布告第五九号）。裁判権の独立がなされた。同年五月二十四日**大審院諸裁判所職制章程**（太政官布告第九一号）が布告され、**大審院―上等裁判所―府県裁判所**が設置された。上等裁判所は、「府県裁判所ノ裁判ニ服セス控訴スル者ヲ覆審ス」るものであって東京・大阪・福島・長崎に設置された。北海道は福島管内とされた。府県裁判所は、「各府県ニ一ノ裁判所ヲ置キ一切ノ民事刑事……ヲ審判」するものである。

明治九年九月十三日、府県裁判所が**地方裁判所**に改正され二三地方裁判所、四上等裁判所が設置された（太政官布告第一一四・一一五号）。北海道は、函館地方裁判所である。同月二十七日には地方裁判所支庁および**区裁判所**が設置された（司法省達第六六号）。これによる裁判所は、**大審院―上等裁判所―地方裁判所―区裁判所**である。

明治十一年九月三日札幌裁判所が太政官布告により設置が決定された（太政官布告第二三号）。しかし、設置費用等の理由によりその設置はされなかった（『開拓使事業報告布令類聚』下編六〇四頁）。

明治十三年七月十七日**刑法**（太政官布告第三六号）、**治罪法**（太政官布告第三七号）が制定された。治罪法は、刑事訴訟法と裁判所組織法を定めたものである。明治十三年十二月二日開拓使職制并事務章程（太政官達第六〇号）が制定された。

明治十四年十月六日裁判所の位置・管轄は、**大審院─控訴裁判所─始審裁判所─治安裁判所**に変更され、明治十五年一月一日より施行されるものと定められた。北海道は、函館控訴裁判所─**函館**始審裁判所─江刺・福山・寿都治安裁判所である（太政官布告第五三号）。そして明治十五年二月八日、**開拓使が廃止**され札幌・函館・根室県が設置された（太政官布告第八号）。そして同月二十五日旧開拓使の裁判は、札幌・根室始審裁判所が管理することとされた（太政官布告第一四号）。開拓使の廃止により司法機関は、司法省の所管となったものである。

明治十九年五月五日、**裁判所官制**（勅令第四〇号）が公布された。控訴裁判所は、控訴院に改正され、**大審院─控訴院─始審裁判所─治安裁判所制度**となった。裁判所官制は、裁判手続法と裁判所組織法に区分された。

明治二十二年二月十一日**大日本帝国憲法**が発布された。翌二十三年二月十日、**裁判所構成法**（法律第六号）が制定され、**大審院―控訴院―地方裁判所―区裁判所**に裁判所制度が改革された。

明治二十三年八月十一日、函館控訴院管下の始審裁判所は函館・札幌・根室地方裁判所に改称された（法律第六号）。さらに函館地方裁判所の下には、函館・江差・福山・寿都区裁判所、札幌地方裁判所の下には、札幌・幌泉（浦河から移転）・増毛・小樽・岩内区裁判所、根室地方裁判所の下には、根室・厚岸・釧路（増設）区裁判所が設置された。北海道の開拓が進んだことに伴い裁判所の設置が進んだ。

明治二十三年三月二十七日**民事訴訟法**（法律第二九号）が制定され、明治二十四年一月一日施行された。明治二十九年三月二十九日稚内・浦河（幌泉からの移転）区裁判所、同三十三年三月旭川・室蘭・紗那・網走・帯広区裁判所、同三十八年八月釧路支部、同四十一年四月小樽支部が設置された。

大正五年三月六日、旭川・釧路地方裁判所が設置され（法律第一一号）、大正十年四月

八日、函館控訴院は札幌に移転した（法律第五一号）。北海道は、ここで札幌控訴院の下に函館・札幌・旭川・釧路地方裁判所の四地方裁判所体制になった。一都道府県に四地方裁判所が配置されているのは、北海道だけである。東京・大阪・横浜でも一地方裁判所である。又、一高等裁判所が一都道府県を管轄するのも北海道である。東京高等裁判所は一一都県、大阪高等裁判所は六府県を管轄している。

明治期我が国の裁判制度

第一章　裁判制度

序　説

明治期における司法制度は、政体（明治元年閏四月二十一日太政官布告第三三一号）、職員令（明治二年七月八日太政官布告第六二二号）、司法職務定制（明治五年八日三日太政官達無号）、大審院諸裁判所職制章程（明治八年五月二十四日太政官布告第九一号）、治罪法（明治十三年七月十七日太政官布告第三十七号）、裁判所官制（明治十九年五月五日勅令第四十号）、裁判所構成法（明治二十三年二月十日法律第六号）により構成された。司法職務定制は、明治期の司法制度を形成した重要な法令である。

司法職務定制

明治五年八月三日、司法職務定制（太政官達無号）が布告された。同定制により、司法省臨時裁判所―司法省裁判所―出張裁判所―府県裁判所―区裁判所が創設された。

各裁判所の権限は、次のとおりである。

司法省臨時裁判所

① 国家の大事に関する事件を審理する。

② 裁判官の犯罪を審理する。

③ 司法省裁判所の裁判（第一審）の覆審（明治六年十二月十四日以降）。

司法省裁判所

① 府県裁判所の裁判に服しないで上告する者を覆審処分する。

② 各府県の難獄および訴訟の決し難い者を断決する。

③ 勅奏官および華族の犯罪は司法卿の命を受け審理・判決（鞠問）をする。

④ 法条の解釈が困難で判決し難い事件および死罪の判決をする場合は司法省の伺

いとする。

出張裁判所

各地方において司法省裁判所の出張裁判を要する場合設置する。

府県裁判所

① 流れ以下の刑を裁断する。

② 死罪・疑獄は、司法省に伺いの上判決する。

③ 重大事件、府県に関渉する事件および事件の判決が難しい事件は、司法省に伺いの上判決する。

④ 奏任以上官員・華族の犯罪は司法省裁判所権限であるが、急を要する事件は司法省に伺いの上審理・判決する。

区裁判所

① 断刑は、笞・杖に止まる。

② 聴訟は、一〇〇円以下の事件とする。

司法職務定制が布告されてから明治五年十月二十七月まで二府裁判所、一九県裁判所が設置された。東京裁判所は、明治四年十二月二十六日設置された（太政官布告第六七七号）。しかし、県裁判所の設置が進まなかった。その原因は、①財政事情。②府県の聴訟断獄の主務省は大蔵省であったが定制により司法省に変わることに対する大蔵省の反抗。③府県における断獄、聴訟の取扱官は、地方官であったが府県裁判所設置により中央省庁である司法省官吏に移管にされた。府県、地方官の抵抗。④明治六年四月一九日江藤司法卿の辞任があげられる。

府県裁判所は、判事を司法省が任命し、判事で内一名を所長とした。所長は、聴訟、断獄、庶務、出納課さらに区裁判所長（解部）を総括・指揮した。

司法省裁判所の民・刑事訴訟手続が定められた。

聴訟順序（第九二条）の定めは、以下のとおりである。府県裁判所は第六四条、区裁判所は第七四条で準用された。

①訴状を受理した場合は、一件ごとに担当判事、解部を定める。解部は、検事立ち会い

の上、原告を尋問する（目安糺）。②訴状を受理した場合は、訴状に裁判所印を押し被告に交付し、期日を定めて答弁書を提出させる。判事、解部は、原被告双方を召喚し対決審問をなす（初席）。③被告が和解（和談）をのぞむ場合はそれに任す。和解ができない場合は、判決手続を進める。事案が明白になった場合、判事は判決を言い渡す（落着）。④詳細は、「訴訟法提要」による。

石井良助博士は、「明治初年の民事訴訟法」（『近世民事訴訟法史』）において所蔵される「解部掛り聴訟取扱大概順序」に基づき、東京裁判所の民事訴訟の実際を解明している。函館地方裁判所には、「東京裁判所民事課事務節目」が保存されている。

断獄順序（第九三条）の定めは、以下のとおりでる。府県裁判所は第六五条、区裁判所は七五条で準用された。

①事件については、担当判事・解部を決め取調（推問）させる。これを「初席」という。②罪人は、監獄に入れ判事・解部の取調をさせるがこれを「未決中」という。③罪人が罪を認めた場合は、判事・解部口書を作成して調書を作成し押印させる。これを「口書

読聞」という。④判事は、口書で犯罪事実、適用法令を認定し判決を言い渡す。死刑については司法省の許可を要する。これを「**落着**」という。裁判官（裁判所）による、犯罪事実の認定―法令の適用―量刑であって司法制度の基本は現在と同様である。

府県裁判所として**函館裁判所**が設置されたのは、明治七年一月八日（大政官達無号）である。

大審院諸裁判所職制章程

明治八年四月十四日大審院が創設され、同五月二十四日大審院諸裁判所職制章程（太政官布告第九一号）が布告された。同章程により、大審院―上等裁判所―府県裁判所が置かれた。次いで明治九年九月二十七日区裁判所仮規則（司法省達六六号）により区裁判所が設置された。

各裁判所の権限は、次のとおりである。

大審院

① 民事・刑事の上告を受け、上等裁判所以下の審判の不法なものを破棄して、「全国法憲ノ統一ヲ主持スル」。
② 審判の不法なものを破棄して、これを原裁判所でない他の上等裁判所に移して審判させ、又は大審院が審判する。
③ 各判事の犯罪を審判する。
④ 国事犯（国家の政治組織を侵害する犯罪をいう。国事犯以外を「常時犯」という）の重大なもの、および内外交渉の民・刑事々件の重大なものを審判する。
⑤ 各上等裁判所より送付される死罪案を審閲し、批可して返還する。

上等裁判所

① 府県裁判所の裁判に服しない控訴事件を覆審する。ただし、控訴は民事々件についてのみ認められた（明治八年五月二十四日太政官布告第九三号）。
② 死罪を裁判する。但し、死罪はこれを審訊して擬律した後、大審院の批可を得たうえで裁判する。又死罪の裁判を行うため、管下の府県を巡回する（明治十年二月十九日「各地方裁判所ヨリ具スル所ノ死罪ヲ判決シテ大審院ノ批可ヲ取リ然ル後原裁判所ニ付シテ宣告セシム」と改められ、巡回裁判制は廃止された）。

③　各府県より送致する終身懲役案を審批する。
④　管下の代言人、代書人の違律を裁決する。
府県裁判所
①　一切の民事々件および懲役以下の刑事々件を審判する。ただし、終身懲役は擬律案を具えて、上等裁判所の審批を得た後に裁判する。また、民・刑事々件の内外に交渉したものは、軽きものは直ちに裁判し、重きものは司法卿に具申する。なお、民事々件は上等裁判所に控訴できるが、刑事々件は控訴できず大審院に直接上告できるのみである。
②　犯罪は文案証憑を具えて被告人を勾置し巡回判事を待つ。
区裁判所
「民事ハ金額百円ヲ以テ極ト為ス」「刑事ハ懲役三年ヲ以テ極ト為ス」とする。
明治九年九月十三日、府県裁判所を地方裁判所に改正した（太政官布告第一一四号）。
二三地方裁判所が置かれた。

地方裁判所設置表

上等裁判所	地方裁判所（二三裁判所）
東京	東京　横浜　茨木　浦和　名古屋　静岡　新潟　松本
大阪	大阪　京都　神戸　金沢　松山　高知　松江　岩国
宮城	一ノ関　青森　米沢　函館
長崎	長崎　熊本　鹿児島

治罪法・裁判所官制

明治十三年七月十七日治罪法（太政官布告第三七号）が公布され、明治十五年一月一日施行された。治罪法は、今日の刑事訴訟法である。そして、明治十四年十月六日裁判所の位置および管轄を定め、上等裁判所を控訴裁判所、地方裁判所を始審裁判所、区裁判所を治安裁判所に改めた（太政官布告第五三号）。明治十四年十二月二十八日太政官布告第八三号は、治安裁判所、始審裁判所の民事裁判権を定めた。纏めると、明治十五年一月一日からの各裁判所の権限は、次のとおりである。

大審院
①民事々件につき、控訴裁判所の判決に対する上告事件を審判する。
②刑事々件につき、次の裁判を行う。
a、上告 b、再審の訴 c、裁判管轄を定める訴 d、公安または嫌疑のため裁判管轄を移す訴

控訴裁判所
①始審裁判所の民事第一審裁判に対する控訴事件を覆審する。
②軽罪裁判所（始審裁判所）の刑事第一審裁判に対する控訴を裁判する。

始審裁判所
①請求の金額および価額一〇〇円以上、人事その他金額に見積もることができない民事訴訟事件の第一審の裁判を行う。
②治安裁判所の民事第一審裁判に対する控訴につき終審の裁判を行う。
③軽罪裁判所として、軽罪（重禁錮、軽禁錮、罰金を主刑とする犯罪）の第一審の裁判を行う。
④軽罪裁判所として、軽罪および重罪の予審を行う。

⑤　軽罪裁判所として、違警罪裁判所（治安裁判所）の第一審裁判に対する控訴を裁判する。

治安裁判所

①　民事々件については、請求の金額および価額一〇〇円未満の訴訟につき第一審の裁判をなし、訴訟事件を勧解する。

②　刑事々件については、違警罪裁判所として違警罪（拘留、科料を主刑とする犯罪）の公判および検事または民事原告の請求による予審を行う。

重罪裁判所

重罪（死刑、無期徒刑、有期徒刑、無期流刑、有期流刑、重懲役、軽懲役を主刑とする犯罪）の裁判を、管内始審裁判所または控訴裁判所において原則として三カ月毎に開く。

明治十四年十月六日、裁判所の位置・管轄が定められた。その概要は、以下のとおりである。

始審裁判所配置表

控訴裁判所	始審裁判所（九〇）
東京	東京　横浜　千葉　木更津　水戸　土浦　栃木　宇都宮　浦和　熊谷　前橋　静岡　浜松　甲府　松本　長野　上田　新潟　新発田　長岡　高田　相川（計二二）
大阪	京都　大阪　園部　宮津　神戸　姫路　豊岡　洲本　岡山　津山　大津　彦根　福井　金沢　富山　七尾　堺　奈良　和歌山　田辺　徳島　脇町　高知　中村　高松　松山　宇和島（計二七）
名古屋	名古屋　岡崎　安濃津　山田　岐阜　高山（計六）
広島	廣島　尾道　山口　松江　浜田　米子　鳥取　西郷（計八）
長崎	長崎　佐賀　平戸　福江　厳原　福岡　大分　中津　熊本　天草　宮崎　鹿児島（計一二）
宮城	仙台　福島　白川　平　若松　米沢　山形　酒田　盛岡　磐井　秋田　大曲（計一二）
函館	函館　弘前　八戸（計三）

明治十五年六月二十日太政官布告第二八号により、札幌・根室始審裁判所が追加された。

札幌・根室始審裁判所管轄表

始審	治安
札幌	札幌　浦川　増毛　小樽　岩内
根室	根室　厚岸

明治十六年一月十日、各裁判所の位置および管轄区画を改正し、始審裁判所に支部を置き、支庁は本庁と同一の権限があるものと定められた。本庁の体制を充実させ併せて支庁の権限を強化したものである。

始審裁判所・支部配置表

控訴	始審（四三）	支部（四七）
東京	東京　横浜　千葉　水戸　栃木　浦和　前橋　静岡　甲府　長野　新潟（計一一）	八王子　八日市場　土浦　下妻　宇都宮　熊谷　浜松　松本　上田　新発田　長岡　高田　相川（計一三）
大阪	京都　大阪　神戸　岡山　大津　福井　金沢　和歌山　徳島　高知　松山（計一一）	宮津　奈良　洲本　姫路　豊岡　津山　彦根　小浜　富山　七尾　脇町　中村　宇和島　高松（計一四）

名古屋	名古屋　安濃津　岐阜（計三）	岡崎　山田（計二）
広島	廣島　山口　松江　鳥取（計四）	尾道　浜田　西郷　米子（計四）
長崎	長崎　福岡　大分　熊本　鹿児島（計五）	佐賀　厳原　久留米　小倉　中津　天草　宮崎（計七）
宮城	仙台　福島　山形　盛岡　秋田（計五）	白河　平　若松　米沢　酒田　磐井（計六）
函館	函館　弘前　札幌　根室（計四）	八戸（計一）

明治十九年五月五日裁判所官制（勅令第四十号）が定められた。治安裁判所・始審裁判所・控訴院（控訴裁判所の称号を変更）および大審院の組織・権限を定めた。裁判所組織法であり裁判手続法を分化したものである。

裁判所構成法

明治二十二年二月十一日大日本帝国憲法が制定され、第五七条第二項で「裁判所ノ構成ハ法律ヲ以テ之ヲ定ム」と規定され、これを受けて明治二十三年二月十日裁判所構成法（法律第六号）が制定された。裁判所構成法は、同年十一月一日施行され、その後多少の改正がなされたが、昭和二十二年四月裁判所法制定まで裁判所制度の基本法となった。

裁判所構成法は、裁判所として、大審院―控訴院―地方裁判所―区裁判所を置き、民事、刑事を裁判するものとした。

裁判所構成法による各裁判所の裁判管轄は、次のとおりである。

大審院

第五〇条　裁判権

第一　終局審トシテ

（イ）　…控訴院ノ判決ニ対スル上告

（ロ）　控訴院ノ決定命令ニ対スル法律ニ定メタル抗告

第二　第一審ニシテ終局審トシテ

刑法第二編第一章（皇室ニ対スル罪）及第二章（国事ニ関スル罪）ニ掲ケタル重罪幷皇族ノ犯シタル罪ニシテ禁錮又ハ更ニ重キ刑ニ処スヘキモノノ予審及裁判

控訴院

① 第三七条　裁判権

第一　地方裁判所ノ第一審判決ニ対スル控訴

第二　区裁判所ノ判決ニ対スル控訴ニ付為シタル地方裁判所ノ判決ニ対スル上告

第三　地方裁判所ノ決定命令ニ対スル法律ニ定メタル抗告

② 第三八条

皇族対スル民事訴訟ニ付第一審及第二審裁判権ハ東京控訴院ニ属ス…

地方裁判所

① 第二六条　民事訴訟

第一　第一審トシテ

区裁判所ノ権限又ハ第三八条ニ定メタル控訴院ノ権限ニ属スルモノヲ除キ其ノ他ノ請求

第二　第二審トシテ

（イ）　区裁判所ノ判決ニ対スル控訴

（ロ）　区裁判所ノ決定命令ニ対スル法律ニ定メタル抗告

②第二七条　刑事訴訟

第一　第一審トシテ

区裁判所ノ権限幷ニ大審院ノ特別権限ニ属セサル刑事訴訟

第二　第二審トシテ

（イ）区裁判所ノ判決ニ対スル控訴

（ロ）区裁判所ノ決定命令ニ対スル法律ニ定メタル抗告

③第二八条　破産事件ニ付一般ノ裁判権ヲ有ス

④第二九条　非訟事件ニ関ル区裁判所ノ決定命令ニ対シ法律ニ定メタル抗告ニ付

裁判権ヲ有ス

区裁判所

①第一四条　民事訴訟

第一　一〇〇円ヲ超過セサル金額又ハ価額一〇〇円ヲ超過セサル物ニ関スル請

求

第二　価額ニ拘ラズ左ノ訴訟

（略）

② 第一五条　非訟事件

（略）

③ 第一六条　刑事訴訟

第一　違警罪

第二　本刑五〇円以下ノ罰金ヲ附加シ若ハ附加セサル二月以下ノ禁錮又ハ単ニ一〇〇円以下ノ罰金ニ該ル軽罪

第三　（略）

裁判所構成法は、旧憲法下における裁判所の構成・権限を定めた法律であった。昭和二十一年十一月三日新憲法が公布され、「すべて司法権は、最高裁判所及び法律の定めるところにより設置する下級裁判所に属する」（第七六条）ものと規定された。この規定を受け、同二十二年四月十六日裁判所法が公布された。

民事訴訟制度

民事訴訟法は、明治二十三年四月二十一日制定され、明治二十四年一月一日から施行された。主な立法経過は、次のとおりである。

徳川時代にあっては、藩にまたがる民事事件は、関係藩間で協議し、調わなかった場合は幕府が処理した。明治三年十一月八日府藩県交渉訴訟准判規程（太政官布告第八七八号）が制定され、府藩県に渉る訴訟は被告の管轄庁である府藩県で裁判し、そこで、一〇〇日を超え判決ができない場合は民部省が裁決することとした。ところで、府藩県では民事訴訟の通則がなく、さらに本規程には、裁判の管轄、当事者の要件、訴状の方式、審理、判決等について規定されていたので、本規程を通則として適用した。

明治五年八月三日、司法職務定制が制定された。同定制においては、府県裁判所が創設され、次いで、第九二条において「聴訟順序」が定められた。同六年七月十七日、訴答文例（太政官布告第二四七号）が制定され、訴状・答書の記載要件および書式を規定した。同七年五月十九日、民事控訴略則（太政官布告第五四号）が制定され、府県裁判所・府県の判決に対し司法省裁判所に控訴できるものとされた。

明治八年五月二十四日、大審院諸裁判所職制章程が制定され、大審院—上等裁判所—府県裁判所—区裁判所が設置された。そこで、同年五月二十四日控訴上告手続（太政官布告第九三号）、同年六月八日裁判事務心得（太政官布告第一〇三号）、同年十二月二十日訴訟用罫紙規則（太政官布告第一九六号）が制定され、民事訴訟の体系が次第に整備された。

江戸時代から民事訴訟においては、内済（和解）が原則とされ、明治になっても勧奨され「勧解」と称された。すなわち、明治八年九月八日、東京裁判所支庁管轄区分取扱仮規則第六条は「凡民事ニ係ル訟詞ハ金額ノ多少事ノ軽重ニカカワラス訟詞人ノ情願ニ任セ支庁ニ於テ勧解スヘシ」と規定し、同年十二月二十八日裁判支庁仮規則（司法省達第一五号）、同九年九月二十七日区裁判所仮規則（司法省達第六六号）にも同様の規定が置かれた。そして、明治十七年六月二十四日勧解略則（司法省丁第二三号）が制定され、治安裁判所では勧解掛が専ら勧解にあたることが定められた。

明治二十三年四月二十一日、民事訴訟法が制定された。第一編は総則、第二編は第一審の訴訟手続、第三編は上訴、第四編は再審、第五編は証書訴訟・為替訴訟、第六編は強制執行、第七編は公示催告手続、第八編は仲裁手続である。

民事訴訟法に次いで関連法が制定された。主な法令は非訟事件手続法（明治二十三年法律第九五号）、人事訴訟手続法（明治三十一年法律第一三号）および競売法（明治三十一年法律第一五号）である。

刑事訴訟制度

明治三年五月二十五日、獄庭規則（刑部省定）が制定された。全一三条からなる。江戸時代の吟味筋の方法が踏襲され成文化されたものである。基本構造の主な条項は、以下のとおりである。

一　糺問之節有位士庶人等之座不致混雑可取扱事

取調べの際は、有位者と庶民を一緒にしないこと

一 判事以上出席吟味之節ハ事件掛リ之解部《ときべ》並史生《ししょう》両人見座白州ニ相詰可申事
　判事以上の者が吟味を進める時は解部史生が立会い白州において実施する
一 大獄《たいごく》難獄ハ卿輔出座ノ事
　重大事件、困難な事件は、刑部卿、大・少輔があたる
一 罪人最初吟味之節ハ判事出座ノ事
　最初の吟味は、判事があたる
一 下糺《ただし》シ之節ハ解部鞠問《きくもん》シ史生聞書可致尤《ただし》時宜ニヨリ丞出座ス
　取調は、解部が罪状を聴き、史生が調書を作成する。
　事件の内容により丞があたる
一 拷問ハ判事以上相議取計事
　拷問をするか否かは、判事以上の者が協議して決める
一 吟味済之上口述書書判爪印実印為致候
　吟味が終了した場合は、調書に指印又は実印をとる
一 刑名宣告ハ判事為読聞候事

判決の宣告は、判事がする

一　六位已上ハ座舗吟味ノ事

六位以上の者の吟味は、座敷にて行う

明治五年八月三日、司法職務定制により判事、検事が置かれた。明治六年二月二十四日、断獄則例（司法省第二二号）が制定され獄庭規則を改正した。明治十三年七月十七日、治罪法が制定され、明治十五年一月一日から施行された。六編、四八〇条からなる。

大日本帝国憲法、裁判所構成法が制定されると、これに歩調を合わせ明治二十三年十月七日刑事訴訟法（法律第九六号）が制定された。第一編「総則」、第二編「裁判所」、第三編「犯罪ノ捜査、起訴及ヒ予審」、第四編「公判」、第五編「上訴」、第六編「再審」、第七編「大審院ノ特別権限ニ属スル訴訟手続」、第八編「裁判執行」である。本刑事訴訟法は、昭和二十三年七月十日刑事訴訟法まで施行された。

第二章　司法官制度

序　説

司法官制は、政令―職員令―司法職務定制―大審院諸裁判所職制章程―裁判所官制―裁判所構成法と変遷する。

司法官制度の変遷

政体　明治元年閏四月二十一日政令が布告された。司法官制として刑法官、行政官が置かれた。

法令	省庁	権限	官職
政体	刑法官	掌総判執法守律監察糺弾捕亡断獄	判官事　権判官事
	行政官	糺判	辨事

職員令　明治二年七月八日職員令により、刑部省が置かれた。刑部省の権限は、「卿／掌鞫獄定刑名決疑讞」であって、裁判を所管するものである。裁判官は、判事・解部である。判事は「掌案覆鞫状。断定刑名。及判諸争訟」を所管し民・刑事々件の裁判を所管した。解部は、「掌問窮争訟」であって、判事を補佐し事実の調査にあたった。明治四年七月九日、刑部省は廃止され、司法省が置かれた。

法令	省庁	権限	官職	職務内容
職員令	刑部省	掌鞫獄　定刑名　決疑讞	判事	掌案覆鞫状　断定刑名　及判諸争訟
			解部	掌問窮争訟

明治政府は、養老律令にならい、職員令を制定した。省庁・権限・官職および職務内容を対比すると同じ内容である。若干の補足をする。第一「鞫獄《きくごく》」は、「鞫」＝尋問、「獄」＝訴訟であって、捜査・裁判である。第二「定刑名」は、「刑名」＝笞・杖・徒・流・死の五刑であり、その選択決定である。第三「決疑讞《ぎげん》」は、「讞」＝罪を裁判で決

定することである。第四「債負」は、債権・債務である。

司法職務定制

明治四年七月九日、司法省が設置された。続いて、翌五年八月三日司法職務定制が布告され、司法組織、司法官職が定められた。司法官として、判事・解部、検事・検部が置かれた。

法令	省庁	権限	官職	職務内容
司法職務定制	司法省	全国法憲ヲ司リ各裁判所ヲ統括ス　地方ノ便宜ニ従イ裁判所ヲ設ケ権限ヲ定メル　国家ノ大事ニ関すスル犯罪全国ノ死罪ヲ論決ス	判事	法律ヲ確守シ聴断ヲ掌リ稽滞冤枉無カラシムノ責ニ任ス　各裁判所ニ出張シ事務ノ繁簡ニ因リ聴訟断獄ヲ分課ス
			解部	各裁判所ニ出張シ聴訟断獄ヲ分掌ス
			検事	各裁判所ニ出張シ聴断ノ当否ヲ監視ス　罪証事端發スルニ始リ裁断処決ニ止リ未發ヲ警察スルノ事ニ干預セス　罪犯ノ探索捕亡ヲ監督指令ス

			検部	各裁判所ニ出張シ検事ノ指揮ヲ受ケ其事ヲ摂行シ聴断ヲ監視ス　罪犯ノ探索ヲ掌ル

大審院諸裁判所職制章程

明治八年五月二十四日大審院諸裁判所職制章程が制定された。大審院、諸裁判所の職制を規定する。

裁判所	院長・所長	判事	検事（検事職制章程）
大審院	一等判事	判事	検事　検事補
上等裁判所	勅任判事	判事　判事補	検事　検事補
地方裁判所（明治九年九月府県裁判所から名称変更）	五等乃至七等判事	判事　判事補	検事　検事補

区裁判所（明治九年九月設置）	—	—	—

裁判所官制

明治十九年五月五日裁判所官制が制定され、明治二十年十二月二十二日勅令第六二号により改正された。改正法第二条の官等は、次表のとおりである。

裁判所	院長・所長	判事	検事
大審院	院長 勅任 局長 勅任二等	評定官 勅任二等又は奏任一、二等	検事長 勅任二等 検事 奏任一乃至三等
控訴院	院長 勅任一、二等	評定官 奏任一乃至四等	検事長 勅任二等、奏任一等 検事 奏任二乃至四等
始審裁判所	所長 奏任一乃至四等	判事 奏任 長ノ次等以下五等 判事試補	検事 検事試補 奏任二乃至五等
治安裁判所	—	判事 判事試補 奏任五、六等	検事 検事試補 奏任五、六等

裁判所構成法

明治二十三年二月十日、裁判所構成法が制定され、裁判所の組織・官吏等が制定された。

裁判所	院長・所長	判事	検事
大審院	院長　勅任	判事　勅任又は奏任	検事総長　勅任 検事　勅任又は奏任
控訴院	院長　勅任	判事　勅任又は奏任	検事長　勅任 検事　勅任又は奏任
地方裁判所	所長　勅任又は奏任	判事　勅任又は奏任	検事正　勅任又は奏任
区裁判所	監督判事　勅任又は奏任	判事　勅任又は奏任	検事　勅任又は奏任

裁判官・検察官数

明治五年八月三日、司法職務定制により司法省学校が設置されて司法官の養成が始まり、司法官・代言人・弁護士の資格制度が形成された。明治九年二月二十二日代言人規則、同十七年十二月二十六日判事登用規則、同二十四年五月十五日判検事登用規則、同二十六年五月十二日弁護士試験規則が公布された。これにより、判・検事、弁護士制度が次第に形成・充実したものである。

明治時代の判・検事数の変動の状況は、以下のとおりである。

年次	裁判官	検察官
明治一〇年	六四八	五三
一五年	一、一六九	二八七
二〇年	一、二三七	四二二
二五年	一、五三二	四四五

年次	裁判官	検察官
明治三〇年	一、二三九	四六一
三五年	一、二〇八	四五二
四〇年	一、二二二	三六九
四四年	一、一二九	—

第三章　民・刑事裁判の動向

序　説

本書は、「明治以降裁判統計要覧」のなかから主要な資料を選択し、明治期における民・刑事々件の動向を把握した。

江戸時代、民事訴訟は「出入筋」、刑事訴訟は「吟味筋」と呼ばれた。明治時代になり、「聴訟」―民事訴訟、「断獄」―刑事訴訟となった。明治元年一月、刑事事務総督の権限について「断獄」の用語が使用された。同年閏四月京都府職制で「聴訟」・「断獄」の用語が定着した。これが、「民事」・「刑事」となったのは、明治八年五月二十四日大審院諸裁判所職制章程からである。「民事綜計表」「刑事綜計表」も用語とともに明治八年から始まった。

統計の単位は、民事々件では訴状（申立書）、刑事々件では人員である。

民事々件の動向

民事新受件数は①明治維新から社会・経済も混乱して訴訟事件が多く、明治八年がピークに達した。②明治十年以降の新受件数が安定した。その原因は、明治七年二月佐賀の乱・明治九年十月萩の乱・明治十年三月西南の役と続いた政治的・社会的混乱が終局し、社会・経済が安定期に入ったことにあるとみられる。

地方裁判所

年次	新受	既済	未済	年次
明治八年	三〇五、五二七	二六九、六九七	五四、〇一二	一八七五
一〇年	八四、三四〇	一〇二、六七二	一一、四二七	一八七七
一四年	八二、八七五	八一、二三〇	一二、〇九八	一八八一
一五年	三八、一五〇	四二、七三一	七、四四八	一八八二
二〇年	一一、六〇三	一一、九九六	一、八八三	一八八七
二三年	一三、二六七	一二、三四四	二、三四五	一八九〇

二四年	一四、七六二	一四、六九八	二、三六一	一八九一
二五年	一二、一二一	一一、九二八	二、五五四	一八九二
三〇年	一四、五六六	一三、七一六	五、〇九九	一八九七
三五年	二五、三六六	二五、三八一	九、九四七	一九〇二
四〇年	一四、四八七	一三、九四四	六、七四〇	一九〇七
四四年	一七、二九六	一六、七七一	八、二九九	一九一一
大正五年	一四、〇七八	一三、五三六	八、四〇二	一九一六

区裁判所

年次	新受	既済	未済	年次
明治八年	二〇、三一〇	一八、八一三	二、二三八	一八七五
一〇年	九二、七七五	九四、〇九一	一一、三二七	一八七七
一四年	四七、六四四	四六、〇八〇	七、一七〇	一八八一
一五年	一五〇、三六七	一三五、九六六	二一、六四〇	一八八二
二〇年	三九、四〇五	三九、五八七	三、九〇〇	一八八七

二三年	六四、一六六	六二、六八三	四、〇二三	一八九〇
二四年	一二一、八一八	一一九、二三三	六、五八八	一八九一
二五年	一〇六、三三〇	一〇五、三二八	七、五六八	一八九二
三〇年	六九、三六一	六八、〇一七	一〇、七九九	一八九七
三五年	一〇六、三六四	一〇六、三一三	一九、六〇四	一九〇二
四〇年	七一、〇〇一	七九、八〇三	一三、六五〇	一九〇七
四四年	八九、二〇三	八八、三九六	一八、二九四	一九一一
大正五年	一四五、二六九	一四四、七八一	三六、七四八	一九一六

刑事々件の動向

刑事々件は、常時犯・罰則犯・役限内犯罪事件と重罪事件・軽罪事件・違警罪事件に区分している。用語の定義は、規程にはない。刑法・治罪法は、明治十五年一月一日から施行された。刑法では、主刑を重罪・軽罪・違警罪に区分した。

明治は大きな変動期にあり裁判所制度、刑事諸法が制定・改正された。そのため、刑事々件区分も変更された。そこで、ここに新受の刑事々件総合表を作成した。

年次	総数	重罪事件	軽罪事件	違警罪事件
明治 八年	一三五、六九九	—	—	—
一〇年	二四三、九五三	—	—	—
一四年	二二一、三八六	—	—	—
一五年	一七八、〇一二	二、〇一七	七九、七〇一	九六、二九四
二〇年	八九、九六三	五、〇五一	八四、六四四	二六八
二二年	九五、三九五	二、八六一	九二、二五〇	二八四
二三年	一四九、三七〇	三、七三三	一四五、二六五	三七二
二五年	一八八、八三一	三、七〇四	一八二、四三六	二、六九一
三〇年	一九三、七四七	三、四一四	一八七、二四九	三、〇八四
三五年	一四〇、九四四	三、七六三	一三三、七〇二	三、四七九
四〇年	七四、九二四	三、四五五	七〇、〇六二	一、四〇七

四二年	一一三、五三二	―	―	―
四三年	一一二、九六四	―	―	―
四四年	一一九、四五二	―	―	―

明治期において刑事々件が最も多いのは、明治十年の二四万三、九五三件である。その原因は、新風連の乱（明治九年）・萩の乱（明治九年）・秋月の乱（明治九年）・西南の役（明治十年）の国事犯が多く七万一、三五〇件が含まれていることによるものである。明治維新からおよそ十年、旧士族の政治に対する不満が爆発し、乱に及んだものである。これを基点に明治期は次第に安定の傾向を辿った。

明治期における刑事々件の動向は、混乱期（明治八年―同十五年）と安定期（明治二十年―同四十四年）に区分することができる。混乱期は、明治維新による旧士族の不満、平民・旧士族の生活不安、政治体制の混乱が重なった。安定期は、明治維新からの混乱から次第に遠のき、さらに日清戦争（明治二十七年月―同二十八年三月）、日露戦争（明治三十七年二月―同三十八年九月）により国民の緊張感も伴い犯罪から次第に遠のいた。

惟うに、我が国が明治期およそ十五年にして安定期を取り戻したのは、基本的には国民性にある。明治期における社会構造は、「家の制度」を基本とする。社会は、「家」を単位に動いていた。戸主は、「家」の構成員を束ねて家名を守り、構成員は家の隆盛のために努めなければならない。明治期は、政治・経済・社会的に混乱を極めた時代であった。しかし犯罪は、国事犯を除けば最小限の犯罪に止まった。その根底を支えたものは、「家の制度」、「国民性」であると判断される。

明治期北海道の裁判制度

第一章　箱館裁判所・箱館府

箱館裁判所

明治元年一月十日、「旧幕府領地ヲ直轄ト為スノ令」（布告第二一号）が布告され「裁判所」が設置された。同年一月二十八日大阪裁判所、四月十二日箱館裁判所等十二裁判所が置かれた。この「裁判所」は、地方行政・司法機関である。旧幕府から箱館裁判所に対する引継は、明治元年閏四月二十七日旧幕府軍杉浦兵庫頭から新政府軍清水谷総督に対しなされた。引継事項は、箱館奉行所の業務内容「地方演説書」と蝦夷地全域に関する業務内容「蝦夷地演説書」である。蝦夷地の地方行政全般に及んだ。裁判所には、民政方、外国方、生産方、勘定方および執達掛が置かれた。民政方は「公事・訴訟・刑獄・寺社・

病院・勧農・拓地」を所管した。

裁判所総督職掌

所々裁判所被設置ニ付テハ、於総督府公事訴訟等裁判可有之事、併大事件ハ太政官へ被伺、其上裁断可有之事

と定められた。

ここでの裁判所は、地方行政機関である。「公事訴訟等裁判」の権限があり司法機関でもある。旧幕府時代の町奉行、遠国奉行等に類似した地方行政機関であって、幕藩体制下における地方政治を踏襲したものである。裁判所の名称は、長州藩の行政区画の「宰判」(「裁判」とも書く)に由来するものとされている。

箱館府

明治元年閏四月二十一日政体(太政官布告第三三一号)が公布された。太政官のもと、議政官、行政官、神祇官、会計官、軍務官、刑法官の七官、地方行政機関として府、藩、

県が置かれた。府知事の職務・権限は、「掌繁育人民富植生産敦教化収租税督賦役知賞刑兼監府兵」と定められた。「刑」は、裁判権である。同月二十四日箱館府が置かれ、知事として清水谷侍従箱館裁判所総督が任命された。

清水谷侍従

箱館府知事被　仰付候事（箱館裁判所ヲ箱館府ト改称スルノ令）

箱館裁判所から箱館府に改称されたものであるから、箱館府総督の権限は裁判所総督の権限と同様である。箱館府には、上局と下局が置かれた。上局は「議事」をなし、下局は「施事」をなす。下局には、庶務、外国、会計、刑事局、文武学校、病院、生産が置かれた。刑事局は、裁判機関である。

第二章　開拓使　―職員令―

序　説

明治二年七月八日、職員令（太政官布告第六二二号）が公布され、開拓使が設置された。明治二年六月六日、「議定　鍋嶋中納言」は「蝦夷開拓総督」に任命され、続いて明治二年七月十三日「開拓使長官」に任命された（『開拓使日誌』明治二年第二号）。開拓使の権限は、「掌総判諸地開拓」（太政官布告第六二二号）でありわが国の「開拓」である。しかし現実は、蝦夷地・北海道につき政治・行政・司法の執行をしていた。開拓使は明治十五年二月八日廃止され、北海道には札幌・函館・根室県が置かれ全国と同じ執政制度となった（太政官布告第八号）。

開拓使は、明治二年七月八日から明治十五年二月八日まで置かれた官庁である。「使」という名称は、律令制のもとで使用された名称であり、明治になって再度使用されたものである。明治政府は、「蝦夷地之儀ハ皇国の北門」という認識であり、ロシアに対する危機感と共に開拓自身が近代国家の任務と考えられ、開拓のための臨時の地方行政機関であった。

開拓使の職務・権限

明治二年八月二十五日、天皇から東久世開拓長官に対し開拓使の権限につき沙汰がなされた。

東久世開拓長官

北海道開拓ハ　皇威隆替之所係方今至重之急務ニ候　今般彼地へ出張数百里外殊方之寒彊ニ其事務ヲ管督候事不容易艱難一入苦労ニ被思食候　就テハ向後土地墾開人民蕃殖北門之鎖《さ》鑰《やく》厳ニ樹立シ　皇威更帳之基ト可相成様勉励尽力可有之旨御沙汰候事

本沙汰により、開拓使の権限は「北海道」についての「土地墾開」＝開拓、「人民蕃殖」＝人民繁栄・民政、「北門之鎖鑰」＝北方警備であることが決定された。

次いで同年九月三日、開拓使に対する心得（太政官達第八四三号）が布達された。

開拓使へ

一　北海道ハ皇国ノ北門最重衝之地ナリ今般開拓被仰付ニ付テハ深ク聖旨ヲ奉體シ撫育之道ヲ尽シ教化ヲ廣メ風俗ヲ敦スヘキ事

一　内地人民漸次移住ニ付　土人ト協和生業蕃殖候様開化心ヲ尽スヘシ事

一　樺太…略

一　殊方新造之国官員協和力ニ非サレハ遠大之業決シテ成功スヘカラサル事ニ付上下高卑ヲ論セス毎事己ヲ推シ誠ヲ抜キ以テ従事シ決シテ面従腹非之儀アル可カラサル事

本達は、北海道がわが国における北門の最重要拠点であるものとし、その尽力を求めた。

開拓使の組織

蝦夷地・北海道の組織は、箱館裁判所―箱館府―開拓使と発展した。その概要は、「地方行政組織表」のとおりである。

地方行政組織表

時代区分	中央政府	地方行政機関	所轄地	関係法令
箱館裁判所（明治元年四月一二日―明治元年閏四月二三日）	明治政府	箱館裁判所	蝦夷地	明治元年四月　布告二三三
箱館府（明治元年閏四月二四日―明治二年七月七日）	太政官	箱館府	蝦夷地	明治元年閏四月　政体書 明治元年閏四月　布告三四二 明治二年七月　職員令 明治二年七年　布告六七〇
開拓使　第一期（職員令布告、分領支配）（明治二年七月八日―明治四年八月二〇日）	開拓使	開拓使 館藩 分領支配者	蝦夷地一七郡 渡島四郡 蝦夷地六五郡	明治二年七月　職員令 明治二年七月　布告六六〇
開拓使　第二期（廃藩置県、分領支配廃止）（明治四年八月二一日―明治八年一一月二四日）	開拓使		北海道	明治四年七月　太政官三五三 明治四年八月　太政官四三一

開拓使　第三期（職制・事務章程）（明治八年一一月二五日—明治一五年二月八日）	開拓使	北海道	明治八年一一月　太政官二一七 明治一五年二月　太政官八

明治二年九月、開拓使出張所（箱館）の事務取扱規程が定められた。同規程は、当時の開拓使の組織を知る上で極めて貴重な史料である。函館市史通説編第二巻から引用する。

明治三（二か）年十月達

函館出張所各係事務取扱左ノ通相定

農政係　…函館市在布告、苗木植付、拝借地券地願、材木改、田方検視、検使見分物、市在役人進退、市在拝借米、御収税取立物、刑法、聴訟

庶務係　…馬市、馬改、社寺諸布告、炭竈材木免判、函館農工商ノ人員戸籍改、在官非官武家吉凶届出其外伺願事、諸藩願伺伝達、東西諸場所往復伝達御用伺、東西諸場所運上金別段上納金、兵隊願伺伝達、浮浪人改、諸場所

巡察、病院、其外臨時事務

営繕係…片倉役宅、御用地、水道、官用ノ器物製造

沖ノ口係…大少船改並差引税金収納、渡海改、破船検視（但外国船ハ外事係立会）

外務係…外務応接、外国人墳墓地、外国船改、税金収納、諸開港場書通往復、破船検視

開拓使の組織は、以下のとおり変動した。

明治二年十一月、開拓役所、部課係、管轄地域は、以下のとおりである。

開拓使職務管轄表

開拓役所	部課掛（係）	管轄地
開拓使出張所	庶務　金穀　農政　営繕　産物 刑法　沖ノ口　運上所　病院掛	亀田　上磯　茅部

銭函仮役所	庶務　金穀　営繕　用度　札幌詰 庶務　札幌詰金穀掛	札幌　厚田　忍路　余市　古平　美国　積丹　古宇　岩内寿都
宗谷開拓出張所	—	—
根室開拓出張所	—	根室　花咲　野付

開拓使出張所には、「刑法」部局が置かれた。銭函仮役所は、開拓使の本府を札幌に建設するための前線基地であり、函館のように地方行政の体制はできていなかった。宗谷、根室は、判官が派遣されたばかりで体制作りを進めていたものである。

明治五年九月における、開拓役所、部係は、以下のとおりである。

開拓使部課構成表

開拓役所	部　課　掛（係）
札幌本庁	庶務　開墾　会計　運漕　生産　営繕　**刑法課**　資生館　岩内石炭山掛
函館支庁	庶務　金穀　民事　営繕　産物　**刑法掛**　海関所　病院　牧場掛

浦河支庁	—
宗谷支庁	—
根室支庁	庶務　刑法掛

札幌本庁には「刑法課」、函館・根室支庁には「刑法掛」が置かれた。

明治七年一月八日、渡島国を管轄する司法省所管の函館裁判所が置かれた。函館支庁は、「刑法掛」を廃止した。

明治八年十一月二十五日、開拓使職制幷事務章程（太政官達第二一七号）が制定された。

職制

長官　「本使ノ官員ヲ統卒シ一切ノ事務ヲ総判シ土地ヲ開拓シ人民繁殖警備勧業等ノ事務ヲ掌ル」

次官

大判官　中判官　少判官

「長官ノ命ヲ受ケ使中ノ事務ヲ糺判シ公文受付ヲ提案ス」

幹事　権幹事

「長官ノ指揮ヲ受諸局ノ事務ヲ監ス」

大主典　権大主典　中主典　権中主典　少主典　権少主典

「文案勧署スルヲ掌ル」

長官の職務が「人民繁殖警備勧業」と定められ、判官は、「事務ヲ糺判」するものと定められた。幹事は局長職、主典は課長職である。

明治八年十二月二十五日「開拓使諸分局章程」（開拓使達）における開拓役所、部課係、管轄地域は、以下のとおりである。明治七年一月、函館裁判所が設置されたので、函館支庁に刑法課は置かれていない。

開拓使部局・管轄表

開拓役所	部課掛（係）	管轄地
札幌本庁	記録局　公文　外事課等 民事局　勧業　戸籍　駅逓　衛生課等 会計局 工業局　土木　営繕課等 物産局　鉱山　製錬課等 **刑法局**　**断刑**　**聴訟**　**囚獄課** 学務局　督学　女子課　札幌学校等 札幌病院　屯田事務局　船改所	石狩国九郡　後志国九郡　胆振国七郡（虻田　有珠　室蘭　幌別　白老　勇払　千歳）　日高国七郡（沙流　新冠　静内　三石　浦河　様似　幌泉）　十勝国七郡（広尾　当縁　上川　中川　河東　河西　十勝）　北見国四郡（宗谷　利尻　礼文　枝幸）　天塩国六郡（増毛　留萌　苫前　天塩　中川　上川） 浦河　宗谷支庁が札幌本庁統合
函館支庁	記録課　公文係等 民事課　勧業　学務　駅逓　戸籍　警察　土木　懲役　衛生係等 会計課 外事課 船改所 病院 貸付会所 郡役所	渡島国七郡（亀田　上磯　茅部　津軽　福島　爾志　檜山）　後志国八郡（寿都　島牧　歌棄　磯谷　久遠　奥尻　太櫓　瀬棚）　胆振一郡（山越）

根室支庁	記録課　公文係等 民事課　勧業　学務　駅逓　戸籍　警察係等 会計課 刑法課　断刑　聴訟　囚獄係 船改所 郡役所	根室国五郡　千島国五郡　釧路国六郡（白糠　釧路　厚岸　阿寒　足寄　川上） 北見国四郡（斜里　網走　常呂　紋別）

開拓使の職務・権限は、局の称号・配置で明らかなとおり地方行政全般に及んでいる。記録局は総務、民事局は民政、刑事局は裁判を所管し中心をなしている。

裁判機関

裁判機関の設置　北海道における裁判機関は、開拓使と、司法裁判所の二元構造であった。本節では、開拓使の裁判機関について考察するものである。

明治五年八月三日司法職務定制が定められ、府県に司法裁判所が設置され。北海道は、明治七年一月司法職務定制に基づく開拓使函館支庁管内を管轄する函館裁判所が置かれた。これにより、北海道の裁判は、司法省が所管する司法裁判所（函館裁判所）と開拓使（札幌本庁、根室支庁）の判官（地方官）による裁判の二元構造となった。

明治六年四月十五日開拓次官黒田清隆は、太政官に対し「函館」に裁判所を設置することを求めた。明治七年一月八日、「渡島国箱館ニ裁判所被置　但司法省官員出張之上聴訟断獄之事務可引渡事」とされた。管轄は、開拓使函館支庁管内渡島国（上磯、亀田、茅部、函館区、爾志、檜山、津軽、福島郡）、後志国（久遠、太櫓、瀬棚、奥尻、島牧、寿都、歌棄、磯谷郡）、胆振国内（山越郡）である。

函館裁判所は設置されたが道央、道北、道東地区は、府県裁判所の設置は遅れた。そのなかで札幌は、開拓使本府が所在し人口も増加したことから明治十一年九月札幌裁判所の設置が決定された。しかし、西南の役による戦費等のため財政が困窮し設置に至らなかった。札幌、根室支庁管内が司法裁判所所管となったのは明治十五年六月である。旭川は、大正五年三月である。

このような経過で北海道の裁判機関は、函館支庁管内は司法裁判所としての函館裁判所が管轄し、札幌本庁、根室支庁管内は開拓使が管轄した。

裁判機関の変動　蝦夷地・北海道の裁判機関の変動状況は、以下のとおりである。

裁判機関変動表

明治前期の裁判所	期　間	法令の根拠
箱館奉行	慶応三年十二月 明治元年三月	慶応三年十月「刑法ハ旧幕ノ法」　慶応三年十二月指令第二七号
箱館裁判所	明治元年四月 明治元年閏四月	明治元年四月布告第二三三号 明治元四月布告第二四三号
箱館府	明治元年閏四月 明治二年六月	明治元年閏四月政体書（太政官布告第三三一号） 明治元年閏四月太政官布告第三四二号
開拓使	明治二年七月 明治十五年五月	明治二年七月職員令（太政官布告第三三一号）
函館裁判所（司法裁判所）	明治七年一月 明治十五年五月	明治七年一月太政官達無号 管轄・開拓使函館支庁

函館地方裁判所	明治九年九月十三日	函館（太政官布告第一一四号）
札幌・函館・根室始審裁判所	明治十四年十月	函館（太政官布告第五三号）
（司法裁判所）	明治十五年六月	札幌、根室（明治十四年太政官布告第二八号）

開拓使の裁判所管部局は、以下のとおり変動した。

裁判所管部局調査表

	札幌本庁	函館支庁	根室支庁
明治二年	銭函仮役所	開拓使出張所・農政掛→刑法掛	根室開拓使出張所
三年	小樽仮役所・刑法掛		
四年	札幌開拓使庁・刑法掛	函館出張開拓使庁・刑法掛	根室出張開拓使庁
明治五年	刑法掛	刑法掛	
六年	刑法局　断刑・聴訟課	刑法課	刑法課
七年		函館裁判所	
八年			

九年	一〇年	一一年	一二年	一三年	一四年	一五年
刑法局　断刑・聴訟課					刑法課　断刑・聴訟係	
刑法局　断刑・聴訟課						
刑法課　断獄・聴訟係						

開拓使札幌本庁（現在の北海道庁敷地）には刑事局（断刑課九人、聴訟課八人）が置かれ、連接建物に「刑法白州訴所」（法廷）が置かれていた。

第三章　函館裁判所　—司法職務定制—

序　説

明治七年一月八日、北海道ではじめて司法裁判所として函館裁判所が設置された。

明治五年八月三日司法職務定制が制定され、司法省臨時裁判所—司法省裁判所—出張裁判所—府県裁判所—区裁判所が設置された。函館は、外国に開港されたので日本人と外国人との聴訟事件が多かったこともあり、明治七年一月八日函館裁判所が設置された。函館裁判所初代所長は、権少判事井上好武である。明治七年五月二十日着任し、開拓使中判官杉浦誠との間で引継がなされた。

函館裁判所（明治８年）

したがって明治七年一月八日函館裁判所—明治九年九月十三日函館地方裁判所—明治十四年十月六日函館始審裁判所—明治二十三年八月十一日函館地方裁判所に変遷した。

沿革の概要

明治七年一月八日　渡島国箱館ニ裁判所被置　但司法省官員出張之上聴訟断獄之事務可引渡事

明治七年五月二十一日　函館裁判所長　権少判事井上好武着任

明治八年五月二十四日　大審院諸裁判所職制章程　↓大審院　上等裁判所　府県裁判所

明治八年六月八日　「第二条函館裁判所管内ノ者ハ福島上等裁判所ニ控訴スヘシ」（『開拓使事業報告布令類聚』下編）

明治八年六月八日　死罪は一般の例により大審院に、終身懲役は函館裁判所において批可《ひか》する（『開拓使事業報告布令類聚』下編）

明治八年十一月二十九日　福山区裁判所設置

明治九年九月十三日　　函館裁判所廃止　函館地方裁判所を置く
明治十年二月十九日　　函館区裁判所設置
明治十一年一月七日　　江差区裁判所設置
明治十二年月十三日　　寿都区裁判所設置
明治十三年七月十七日　刑法布告
明治十三年七月十七日　治罪法布告
明治十四年十月六日　　函館始審裁判所設置
明治十五二月八日　　　開拓使を廃止し、函館、札幌、根室県を置く
明治十五年六月二十日　札幌・根室始審裁判所設置

裁判所の設置

明治七年一月八日司法省から開拓使に対し函館裁判所の設置が通知された。

…既ニ裁判所被置候共未タ裁判所之レナキ各開港場ノ内先ツ本邦ノ首尾タル長崎箱館へ裁判所被置候様致度官員ノ儀ハ可成丈地方官員ノ内ヨリ引抜不得止分ノミ本省

ヨリ派出シ…
長崎裁判所
箱館裁判所
判事一人　解部六人　属九人
等外十六人
検事一人　検部二人　等外七人
右一箇月経費　金千八百三十一
円九十八銭

次いで函館裁判所のもとに区裁判所が設置された。

聴訟・断獄の引継

井上所長一行は、明治七年五月十九日東京を出帆し二十一日函館に到着した。次いで同

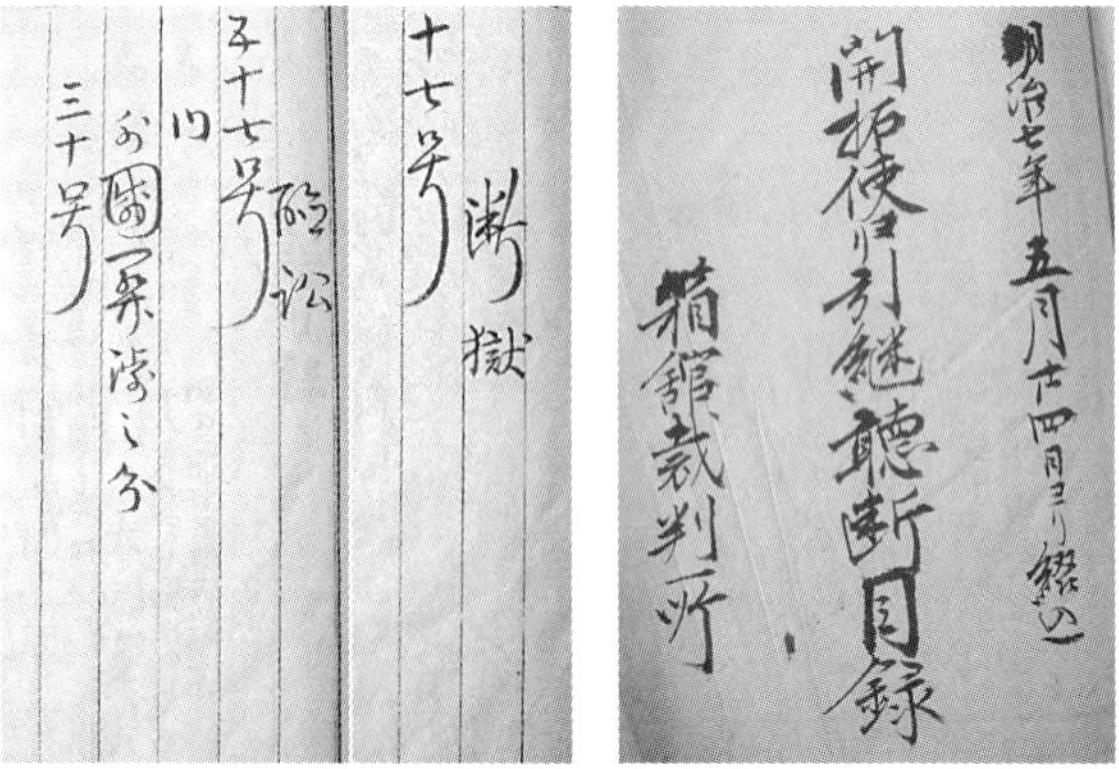

聴訟・断獄引継書（函館地方裁判所）

月二十四日函館裁判所が開庁され、司法卿に対し引継報告がなされた。

開拓使から函館裁判所に対する引継書が現在もなお函館地方裁判所に保存されている。

函館在勤開拓使中判官　杉浦　誠

函館裁判所長　権少判事井上好武殿

断獄聴訟事務未済之分別紙之通及ニ引継候也

明治七年五月廿四日

断獄　十七号

聴訟　五十七号

内

外国関係之分三十号

引継事件は、刑事々件十七件、民事々件五十七件である。民事々件五十七件中三十件は外国人関係である。

裁判所の構成

司法省は、明治七年三月二十日権判事井上好武を所長に内定した。司法省と井上所長が協議し、以下の事項が確認された。

一、外事課が取り扱っていた「中外関渉ノ訴訟」も一括引き継ぐ。
二、聴訟断獄とも取調中の分は、概略記載した関係書類とともに引き継ぐ。
三、福山、江差出張所についても引き渡しを受ける。
四、福山、江差には当分出張所を置かない。
五、監獄と懲役場は、函館支庁が所管する。
六、函館支庁管内全体を管轄地とする。
七、変死者は、刑法の関係のみ裁判所に引き渡す。
八、裁判費用は、司法省から支出する。函館支庁も若干差出す。
九、賊徒探索逮捕等は函館支庁が所管する。
十、警保は地方官の権限。邏卒は函館支庁の管轄とする。

十一、裁判所は犯罪が露見した者を函館支庁より受取り処刑申し渡しまでが担当で、処刑は勿論、囚獄出入りや護送までは地方庁の担当となる。

十二、裁判所に監倉設置。

明治七年四月三日、函館派遣職員名簿が明らかにされた。

権少判事（開拓権判事相当）　井上　好武
中解部　（開拓中主典相当）　松浦　正駿
十等出仕　白根　大道
少解部（開拓権少主典相当）　原田　忠国
並木　昌伯
高木　静三
少属（開拓権少主典相当）　佐野　綱方
少検事（開拓権大主典相当）　伊庭　貞剛
十二等出仕　山形　昌雄
十三等出仕　五島　襄

名簿では、原田忠国、伊庭貞剛、五島襄については、「(赴任せず)」と記入されている。しかし、伊庭貞剛は、その後赴任し権中検事としてハーバー事件を担当した。開拓使から裁判所職員となった者は、十二等出仕(刑法課少主典)等四名である。

裁判管轄

土地管轄 管轄は、開拓使函館支庁管内である。

明治五年九月十四日 札幌ヲ本庁ト定メ支庁ヲ各所ニ設ケ全道分割

函館支庁

渡島国 亀田 茅部 上磯

以上三郡

後志国 久遠 奥尻 太櫓 瀬棚 島牧 寿都 歌棄 磯谷

以上八郡

胆振国 山越

通計十二郡

渡島国には、後に津軽、福島、檜山、爾志郡が加わり十六郡となった。

事物管轄　府県裁判所は、「流以下刑ヲ裁断スルコトヲ得ヘシ死罪及疑獄ハ本省ニ伺ヒ出テ其ノ処分ヲ受ク」（司法職務定制第五八条）。「重大ノ詞訟及他府県ニ関渉スル事件裁決シ難キ者ハ本省ニ伺ヒ出ヘシ」（第五九条）。区裁判所は、「各区ノ断刑ハ笞杖ニ止リ徒以上ハ専断ノ権ナシ若シ鞠問シテ徒以上ノ罪ト察スレハ仮口書ヲ添ヘ其罪囚ヲ其府県裁判所ニ送致スヘシ」（第六九条）、「各区ノ聴訟元金百両ニ過ル者ハ府県裁判所ニ送リ其裁ヲ受クヘシ百円以下ト雖モ裁決シ難キ者ハ府県裁判所ニ送ルヘシ」と定められた（第七〇条）。

聴訟・断獄手続

聴訟手続　司法職務定制により聴訟手続きが定められ（第九二条）、府県裁判所は第六十四条、区裁判所は、第七四条で準用された。

①訴状を受理した場合は、一件ごとに担当判事、解部を定める。②解部は、検事立ち会いの上、原告を尋問する（目安糺）。③訴状を受理した場合は、訴状に裁判所印を押

し被告に交付し、期日を定めて答弁書（答書）を提出させる。④判事、解部は、原被告双方を召喚し対決審問をなす（初席）。⑤被告が和解（和談）をのぞむ場合はそれに任す。和解ができない場合は、判決（落着）手続を進める。⑥事案が明白になった場合、判事は判決を言い渡す（落着）。

聴訟手続に伴う簿書として、聴訟表、裁断言渡帳、済口証文編冊、聴訟課日記、訴状受取録、聴訟一件帳等の作成が定められた（第六四条）。函館地方裁判所には、聴訟表（明治七年自十月至十二月）簿冊が保存されている。

断獄手続　司法職務定制により断獄手続が定められ（第九三条）、府県裁判所は第六五条、区裁判所については、第七五条で準用された。

①事件の送致があった場合は、一件ごとに担当判事、解部を定める。②判事は罪人の一応推問（弁解録取）をなす（初席）。③軽重を斟酌し、監倉（拘置所）又は囚獄（刑務所）に収監し、判事、解部は、推問をなす（未決中）。④解部は、罪人の取調をなして犯状明白口書案（自白調書）を作成し、逐条ごとに確認する。⑤判事、検事列席し、口書を読み聞かせ、相違ない場合は指印（爪印）をさせる（口書読聞）。⑥判事は、口書に律

文を適用して流以下は専決、死罪は司法省の許可を受け検事、解部列席の上罰文（判決）を言い渡す（落着）。

断獄手続に伴う簿書として、断獄表、口書綴、断科期限録、断囚出入帳、断獄課日記、断獄一件帳、断刑録等の作成が定められた（第六十五条）。

函館地方裁判所には、断獄表（明治七年五月ヨリ）、断刑表（明治七年五月ヨリ）が保存されている。

第四章　旧地方裁判所　―大審院諸裁判所職務章程―

序　説

明治八年五月二十四日、大審院諸裁判所職制章程が制定され、大審院―上等裁判所―巡回裁判所―府県裁判所が設置された。次いで、明治九年九月十三日、府県裁判所を地方裁判所とし（太政官布告第一一四号）、函館裁判所は函館地方裁判所に変更された。次いで明治九年九月二十七日、区裁判所が設置された（司法省達第六六号）。

したがって明治七年一月八日函館裁判所―明治九年九月十三日函館地方裁判所―明治十五年十月六日函館始審裁判所―明治二十三年八月十一日函館地方裁判所に変遷した。

裁判所の設置

明治八年五月二十四日大審院諸裁判所職制章程が制定され、函館裁判所は発展した。

函館管内区裁判所設置状況表

裁判所	設置年月日	所在地	管轄地
福山区	明治八年十一月二十九日	福山	津軽　福島郡
函館区	明治十年二月十九日	函館	亀田　上磯　茅部　山越郡
江差区	明治十一年六月二十八日	江差	檜山　爾志　久遠　太櫓　瀬棚　奥尻郡
寿都区	明治十二年十一月二十七日	中歌	寿都　島牧　磯谷　歌棄郡

福山、函館、江差区裁判所は、比較的早く設置されたが寿都区裁判所は遅れた。函館地方裁判所長から司法省に対し明治十二年七月二十六日寿都区裁判所の設置上申がなされた。

後志国裁判所管内後志国寿都島牧磯谷歌棄郡四郡ノ地ハ地域遥ニ他郡ノ上ニ出テテ而シテ詞訟ノ件数は反テ之ニ及ハス…該地本庁ヲ距ル凡ソ四十里加ルニ通路険悪往来ノ間十余日ヲ要ス…寿都郡中歌村ニ区裁判所ヲ置キ…管セシメラレ…此段上申仕候也

この上申に対し明治十二年十一月二十七日寿都区裁判所の設置が決定した。

第五章　始審裁判所　―治罪法―

序　説

明治十三年七月十七日、刑法（太政官布告第三六号）、治罪法（太政官布告第三七号）が布告された。明治十五年一月一日施行された。

治罪法により刑事裁判所として、違警罪を管轄する治安裁判所（第四九条）、軽罪を管轄する始審裁判所（第五四条）、重罪を管轄する控訴裁判所又は始審裁判所（第七二条）、控訴事件を管轄する控訴裁判所（第六三条）、上告を管轄する大審院（第七七条）、重罪・皇族・勅任官を管轄する高等法院（第八三条）が設置された。

明治十四年十二月二十八日、治安裁判所および始審裁判所につき民事訴訟事件の権限が定められた。治安裁判所は、訟事件の勧解（第一条）、請求金額・額一〇〇円未満の訴訟を管轄し（第二条）、始審裁判所は、価額一〇〇円以上の訴訟（第四条）、人事訴訟、金額に見積できない訴訟（第四条）、治安裁判所の始審に対する控訴につき終審の裁判を管轄する。

開拓使から始審裁判所に対する移行は、次の経過を辿った。

明治十四年十月六日　函館控訴裁判所　函館始審裁判所　函館・江差・福山・寿都治安裁判所設置　↓明治十五年一月一日開庁
明治十五年二月八日　開拓使を廃止　函館・札幌・根室県を置く
明治十五年六月二十日　札幌・根室始審裁判所　札幌・浦河・増毛・小樽・岩内治安裁判所設置　↓明治十五年七月一日開庁

引継は、函館始審裁判所は函館裁判所、札幌・根室始審裁判所は札幌・根室県からされた。しかし、引継関係文書は、探し出すことはできなかった。

函館控訴裁判所

開　庁　　明治十五年一月一日

管轄区域　　弘前、函館、札幌、根室始審裁判所

管内の概況　　治安裁判所　十五所

戸数一一万八、六〇四戸　人口七〇万二、九四六人

控訴裁判所の構成　　所長　判事　青木　信寅

判事五名　検事二名　検事補二名

書記・属六名　雇四名

明治十五年事件概況

民事事件

旧受六三　　新受八〇　　計（係属事件）一四三件

係属事件内訳（原裁判所）

弘前始審裁判所　　一〇一

函館始審裁判所　　三〇

札幌始審裁判所　一二
根室始審裁判所　〇
計　一四三件

刑事重罪事件
弘前　六　函館　四　札幌　一　計　一一件

巡察使意見　治罪法においては、重罪は犯罪地の控訴裁判所又は始審裁判所が管轄する（治罪法第七〇、七二条）。この場合、樺戸・空知集治監に囚徒がある場合は、函館まで約七十里、降雪、行路閉塞等ありその護送は甚だ危険を伴う。又、証人の召還、予審のための出張に費用を要する。よって、重罪犯は控訴裁判所の許可を受け、札幌を始審庁とするなどの措置が必要である。

函館始審裁判所

開　庁　明治十五年一月一日

管轄区域　函館県と同じ

所轄治安裁判所　函館、江差、福山、寿都

警察署・分署一〇箇所あり、違警罪の処分をしている。

始審裁判所の構成　所長　判事　馬屋原二郎

判事補七名　検事一名　検事補二名

書記・属一〇名　雇六名

民事、刑事、予審の三係　検事局　書記局　会計課

函館治安裁判所　始審裁判所の判事補数名が兼務

江差治安裁判所　判事補二名　書記属以下数名

福山治安裁判所　判事補一名　書記属以下数名

寿都治安裁判所　判事補一名　書記属以下数名

明治十五年事件調

	民事	勧解	刑事軽罪	合計
始審裁判所	二六六	〇	〇	二六六

軽罪裁判所	○	○	二七二	二七二
函館治安裁判所	六九四	四、二三四	○	四、九二八
江差治安裁判所	六七七	二、四二七	二五	三、一二九
福山治安裁判所	九二	八○一	三五	九二八
寿都治安裁判所	二九二	二、○一五	二二七	二、五三四
合　計	二、○二一	九、四七七	五五九	一二、○五七

事件数は、一月乃至十二月である。

巡察使意見

一、軽罪のうち多いのは、窃盗、賭博、殴打、創傷である。犯罪者は、漁業出稼人が多い。

二、民事訴訟は、居留外国人が多い。代言人は、六名で訴訟担当中の不正行為はない。

札幌始審裁判所

開　庁　明治十五年七月一日

管轄区域　札幌県と同じ

所轄治安裁判所　札幌、浦河、増毛、小樽、岩内警察署・分署六箇所あり、違警罪の処分をしている。

始審裁判所の構成　所長　判事　中村公知　判事補三名　検事一名　検事補三名
書記・属十八名
民事、刑事、予審の三係　検事局　書記局　会計課

札幌治安裁判所　判事補二名　書記以三名　雇数名

札幌始審裁判所（明治20年）

浦河治安裁判所　判事補一名　書記属二名雇三名
増毛治安裁判所　判事補一名　書記属二名雇三名
小樽治安裁判所　判事補一名　書記属二名雇三名
岩内治安裁判所　判事補一名　書記属二名雇三名

明治十五年事件調

	民事	勧解	刑事軽罪	合計
始審裁判所	一七七	○	○	一七七
軽罪裁判所	○	○	三八一	三八一
札幌治安裁判所	一七二	一、○一七	一五五	一、三四四
浦河治安裁判所	○	三七	一一	四八
増毛治安裁判所	七	三五一	四三	四○一
小樽治安裁判所	一五六	一、四四九	一五○	一、七五五
岩内治安裁判所	九四	一、○一八	一四八	一、二六○
合計	六○六	三、八七二	八八八	五、三六六

事件数は、開庁した明治十五年七月から十二月までである。

巡察使意見

一、犯罪は、移民の増加によるものである。刑法の施行は、現状では問題はない。

二、犯罪者は、出稼漁夫が多い。出稼者は、単身者が多く、漁期により移動する。犯罪者の監視が難しい。

根室始審裁判所

開　庁　明治十五年七月一日

管轄区域　根室県と同じ

所轄治安裁判所　根室　厚岸

警察署二箇所あり、違警罪の処分をしている。

始審裁判所の構成　所長　判事　小野　保

判事補四名　検事補二名

書記・属八名

根室治安裁判所　民事、刑事、予審の三係　検事局　書記局　会計課
判事補一名　書記一名
厚岸治安裁判所　判事補一名　書記属一名雇三名

明治十五年事件調

	民事	勧解	刑事軽罪	合計
始審裁判所	四五	〇	〇	四五
軽罪裁判所	〇	〇	一四三	一四三
根室治安裁判所	三四	五三九	四三	六一六
厚岸治安裁判所	二	三二	一八	五二
合計	八一	五七一	二〇四	八五六

事件数は、開庁した明治十五年七月から十二月までである。

巡察使意見

かつて代言人がいたが人を欺罔《きぼう》して訴訟をさせた者もあった。

始審裁判所の設置により北海道の司法も一元化された。函館裁判所が設置されてから約八年の懸案であった。明治維新から十五年、よくここまで整備したものである。明治人は、立派である。

裁判管轄

明治十四年十月六日、函館控訴裁判所、函館始審裁判所、函館・江差・福山・寿都治安裁判所の管轄が定められた（太政官布告第五三号）。札幌、根室始審裁判所の設置は遅れた。

函館控訴・函館始審裁判所管轄表

控訴	始審	治安	府県	国名	管轄地
	函館	函館	開拓使	渡島 胆振	函館区　亀田　上磯　茅部 山越

函館		江差		渡島 後志	檜山 爾志 久遠 太櫓 瀬棚 奥尻
		福山		渡島	松前
		寿都		後志	島牧 寿都 歌棄 磯谷
	弘前	弘前	青森県	陸奥	西・中・南津軽
		青森			東津軽 下北 上北ノ内
		御所河原			北津軽
	八戸	八戸	青森県	陸奥	三戸 上北ノ内

明治十五年二月八日開拓使を廃止し、函館、札幌、根室県を置くことが決定され（太政官布告第八号）、同年六月二十日札幌、根室始審裁判所の管轄を定められた（太政官布告第二八号）。

札幌、根室始審裁判所管轄表

始審	治安	府県	国名	管轄地
札幌	札幌	札幌県	石狩	札幌区　全国九郡
			胆振	虻田　有珠　室蘭　幌別　勇払　白老　千歳
	浦河		十勝	全国七郡
			日高	全国七郡
	増毛		天塩	全国六郡
			北見	宗谷　枝幸　利尻　礼文
	小樽		後志	小樽　余市　美国　積丹　高島　忍路　古平
	岩内		後志	古宇　岩内
根室	根室	根室県	根室	全国五郡
			千島	全国八郡
			北見	斜里　網走　登呂　紋別
	厚岸		釧路	全国七郡

明治十五年六月二十日、「札幌根室ノ各始審裁判所ニ於テハ当分ノ内治罪ノ手続便宜取計且重罪犯ハ之ヲ審訊シ証拠擬律案ヲ具ヘ函館控訴裁判所ノ批可ヲ得テ後宣告スヘシ」とし、札幌・根室始審裁判所の体制が確立するまでの暫定的措置がとられた。札幌・根室庁管内裁判所は、明治十五年七月一日開庁した。

第六章　地方裁判所
―裁判所構成法―

序　説

明治二十三年二月十日裁判所構成法（法律第六号）が布告され、大審院―控訴院―地方裁判所―区裁判所となった。同年八月十一日裁判所位置及管轄区域表（法律第六二号）が公布され北海道は、函館控訴院、札幌・函館・根室地方裁判所、十二区裁判所が置かれた。次いで大正五年三月六日旭川・釧路地方裁判所（根室地方裁判所移転）が設置され（法律第一一号）、大正十年四月七日函館控訴院が札幌に移転が決定した（法律第五一号）。北海道は、ここで札幌控訴院のもとに函館・札幌・旭川・釧路地方裁判所の四地方裁判所体制になった。

一都道府県に四地方裁判所が配置されているのは、北海道だけである。東京・大阪・横浜・名古屋でも一地方裁判所である。又、一高等裁判所が一都道府県を管轄するのも北海道のみである。東京高等裁判所は十一都県、大阪高等裁判所は六府県を管轄している。

函館控訴院

序　説

明治十四年十月六日函館控訴裁判所が置かれ、明治十九年五月五日裁判所官制（勅令第四〇号）により「控訴裁判所」は「控訴院」に改称された。函館控訴院は、大正十年四月七日札幌移転が決定し（法律第五一号）、同年十二月十五日その移転が施行された（勅令第四五三号）。

函館控訴院、地方・区裁判所（明治31年）

沿　革

『札幌控訴院並管内裁判所沿革略誌』（自明治七年至大正十四年　大正十五年作成）に基づいて、函館控訴院の沿革を辿る。同『沿革史』は、札幌控訴院書記長廉嵎元夫が作成したものである。

明治十四年年十月六日

上等裁判所ヲ控訴裁判所、地方裁判所ヲ始審裁判所、区裁判所ヲ治安裁判所ト改称シ、明治十五年一月ヨリ実施スル

函館控訴裁判所、函館始審裁判所、函館・江差・福山・寿都治安裁判所ヲ置ク

明治十五年二月八日

開拓使ヲ廃止シ函館札幌根室ノ三県ヲ置ク

明治十五年二月二十五日

旧開拓使庁ニ於テ取扱来リタル裁判事務ハ自今司法裁判所ヲ置キ之ヲ管理セシム

但…追テ布告儀候迄従前ノ通リ

明治十五年六月二十日

札幌県ニ札幌始審裁判所、札幌・浦河・増毛・小樽・岩内治安裁判所、根室県ニ根室始審裁判所、根室・厚岸治安裁判所ヲ置ク　同年七月一日ヨリ開庁ス

明治二十三年二月十日

裁判所構成法公布　大審院、控訴院、地方裁判所、区裁判所ニ改称ス

明治三十一年十二月二日

函館控訴院、函館地方裁判所、函館区裁判所庁舎新築工事竣工

明治四十四年八月二十一日

皇太子嘉仁親王殿下函館控訴院ニ行幸アラセラル

一、院長検事長以下控訴院地方裁判所区裁判所高等官判任官執達吏公証人弁護士函館監獄在勤司獄吏其他控訴院正門ニ整列シ奉迎申上ク

一、午後四時二十分頃控訴院へ御着アラセラレシ院長ノ御先道ニテ御座所ニ入御遊ハセラル

一、院長ハ司法事務ニ関スル成績表ヲ奉呈シ且管下司法事務ノ概要ヲ言上シ御前ヲ退下シ夫ヨリ殿下ニハ院長ノ先導ニテ公廷ニ台臨セラレ院長ヨリ公判廷ニ於ル裁判長以下…ノ位置等…御説明申上…御機嫌麗ハシク還啓ノ途ニ就セラル時ニ午後四時五十分ナリキ

札幌移転

函館控訴院の札幌移転は、大正十年四月七日「函館控訴院ノ移転ニ関スル法律」（法律第五一号）が議決され、同年十二月五日勅令第四五三号により移転日は同月十五日と定められた。北海道の開拓は、函館から始まり、司法も又函館から始まった。しかし、北海道の政治・行政・警察・経済・教育の中心は次第に札幌に移行し、大正五年には旭川・釧路地方裁判所が創設され、控訴院も北海道の中心地である札幌移転が必要となったものである。

函館控訴院の札幌移転は、単行法によるもので政府にとっても重要な決定であった。大正十年一月二十八日、帝国議会衆議院委員会で審議された。司法大臣大木遠吉、刑事局長豊島直道、民事局長山内確三郎が出席した。司法大臣は、提案理由を説明した。

元来函館ニ控訴院ヲ設ケマシタノハ明治十四年ノコトデアリマシテ、其当時ノ状況、北海道ノ開発状況、並交通ノ状況ガ今日ニ比シマシテ大ナル違ガアルノデアリマス、爾来約四十年ヲ経過シマシテ、今日ノ交通状態、並ニ北海道ノ開発状況ガ非常ニ面目ヲ改メ、元ハ青森県モ函館ノ控訴院ニ属シテ居リマシタケレドモ、…今日デハ宮城控訴院ノ管内ニ併セタノデアリマス、サスレバ、北海道ノ地形上ニ於キマシテモ、函館ニアル事ハ余リニモ一隅ニ偏シテ居ル、今日ノ北海道ノ状況ニ徴シマシテ、之ヲ札幌区ニ移スコトガ最モ当ヲ得タモノデアル、…（更ニ）警察、其他官衙ノ集マル所デアリマスシ、…北海道ノ中枢要衝ニ当リ、司法ノ事務ヲ取扱フニ於キマシテ、又裁判ノ件数ノ上ニ於テモ、室蘭、小樽等ノ状況ニ徴シマシテ、之ヲ札幌区ニ置クコトガ最モ適当デアル提案理由に対し民事局長、刑事局長から具体的理由が補足説明された。これに対し、黒金康義衆議院議員から反対の意見が述べられた。その主な理由は、青森地方裁判所を函館控訴院の管下とすれば札幌よりむしろ函館が北海道、青森地方の中心となることである。黒金康義は、米沢藩士黒金康乗の長男として生まれる。明治二十九年東京帝国大学法科大学法律学科卒業。警視庁第二部長。北海道庁庶務部長等。群馬県・大分県・山口知県知事を歴任。大正八年函館区長。大正九年、衆議員議員総選挙で山形県第二区に憲政会から出馬し当選。黒金は、このように函館区長の経験から、控訴院移転に対し発言したものとみられる。

札幌控訴院庁舎は、大正十五年八月二十五日札幌市大通西十三丁目に建築された（現札幌市資料館）。石造二階建、正門車寄上部に「法の女神」像が彫り込まれている。

裁判管轄

明治十四年十月六日、函館控訴裁判所は函館始審裁判所を管轄し、函館始審裁判所は函館・江差・福山・寿都治安裁判所を管轄がすることが定められた。札幌、根室始審裁判所の設置は遅れた。明治十五年二月二十五日旧開拓使の裁判事務は司法裁判所が管理することが決定され、位置・管轄は追って定めるまで従前どおりと布告された。明治十五年六月二十日函館控訴裁判所の下に札幌、根室始審裁判所が置かれた。明治二十三年二月十日、裁判所構成法が布告され裁判所制度は控訴院—地方裁判所—区裁判所に変更された。

明治二十三年八月十一日、「裁判所位置及管轄区域改定ノ件」により、函館控訴院、青森地方裁判所、札幌・函館・根室地方裁判所および管下の区裁判所の位置・管轄区域が定められた。明治三十八年三月十一日、青森地方裁判所は函館控訴院の管下から宮城控訴院管下となった。

その後、大正十年四月七日函館—札幌控訴院移転決定まで旭川・釧路地方裁判所等の管轄が定められた。

函館地方裁判所

序　説

北海道における司法裁判所は、函館裁判所に始まる。裁判所は、函館裁判所（明治七年一月八日）―函館地方裁判所（明治九年九月十三日）―函館始審裁判所（明治十四年十月六日）―函館地方裁判所（明治二十三年八月十一日）と変遷した。

沿　革

『函館地方裁判所沿革史』（昭和九年作成）が資料として保存されている。「緒言」と「裁判所沿革」からなる。A四判西洋紙にタイプ印書したものである。要点を記述する。沿革には、『札幌控訴院並管内裁判所沿革略誌』（自明治七年至大正十四年　大正十五年作成）の記載を加筆した。

緒　言

「本道ニ和人ノ移住シタルハ史実上詳カナラスト雖今ヲ去ル七百四十年前後（文治年

間）阿部、藤原ノ豪族カ奥州平泉ニ割拠セル頃ヨリ戦乱ニ難シテ逃レテ移リ来リ又ハ漂流民ノ還ルニ由ナクシテ土着セシ者等本道ニ南部即チ戸井、汐首岬ヨリ江差附近迄ノ沿岸各地ニ歩ヲ占ムルニ従ヒ開拓ノ曙光ヲ見ルニ至レルモノナリ」

沿　革

明治七年一月八日

函館ニ裁判所ヲ設置シ聴訟断獄ノ事務司法省ニ属シ同年五月二十四日開拓使函館庁内ニ開庁ス

其ノ管轄ヲ開拓使支庁管下タルオ渡島国、胆振国ノ内山越郡、後志国ノ内久遠郡、太櫓郡、瀬棚郡、奥尻郡、島牧郡、寿都郡、歌棄郡、磯谷郡トス

明治八年一月

渡島国津軽郡（今ノ松前郡）福山ニ函館裁判所支庁設置ヲ達セラレ翌九年四月四日ヲ以テ開庁シ福山区裁判所ト改称ス　管轄ハ津軽、福島ノ両郡トス（明治十四年右二郡ヲ併セ松前郡ト改称ス）

明治九年九月十三日

府県裁判所ヲ廃シ地方裁判所ヲ置カル

明治九年九月十六日

畏クモ明治大帝ハ民情御視察ノ為奥羽地方御巡幸ノ砌　青森ヨリ御乗艦函館港ヲ経テ御帰還アラセラルヘキ御予定ナリシカハ北海道ノ官民殊ニ函館ノ官民ハ函館御上陸御視察ヲ賜ハランコトヲ熱望シ請願シ奉リタルニ畏クモ御聴許アラセラレ九月十六日午後一時三十分御乗艦明治丸ニテ函館ニ御上陸　翌十七日午前七時函館裁判所ヘ臨御アラセラル陛下ニハ裁判所開庁以後ノ概況表落着二件並民刑下調共天覧ノ上午前八時三十分御発七重ニ向ハセラル　尚同日御休所協同館ニ於テ裁判所長水野元靖ニ対シ裁判ノ事情御下問アリ行在所ニ被召主酒饌料ノ御下賜アリ是レ実ニ裁判所開庁以来ノ盛典且無上ノ光栄ナリ

明治十四年九月六日

明治大帝北海道御臨幸函館ニ御着アラセラレタル際　北白川宮能久親王殿下函館裁判所ニ台臨アラセラレ且庁員一同ヘ酒饌ヲ賜フ

明治十五年一月一日

裁判所ノ名称、位置及管轄区域ノ改正アリ　函館ニ控訴裁判所ヲ設置シ　函館、

弘前、八戸ノ各始審裁判所ヲ管轄シ　函館始審裁判所ハ函館、福山、江差、寿都治安裁判所ヲ管轄ス
　同日刑法　治罪法施行セラレ刑事裁判所ヲ違警罪裁判所（治安裁判所取扱フ）軽罪裁判所（始審裁判所取扱フ）　重罪裁判所（控訴裁判所又ハ始審裁判所ニ於テ三カ月毎ニ之ヲ取扱フ）ノ三裁判所トス

明治十九年五月四日
　裁判所官制定メラル　大審院、控訴院、始審裁判所、治安裁判所トナル

明治二十三年十一月一日
　裁判所構成法実施セラレ大審院、控訴院、地方裁判所、区裁判所ト改称セラレ各裁判所ニ検事局ヲ附設サレタリ

明治三十一年二月十三日
　函館控訴院、同地方裁判所、同区裁判所合併庁舎潮見町地内ニ新築ナリ之ニ移転ス
　敷地六千七百六十八坪五合　庁舎四棟　公衆控所二棟　土蔵二棟
　物置四棟　門候一棟　車置場一棟

明治三十七年十二月十四日
日露戦役ニ際シ函館要塞地帯第三区ノ境界線外三千五百間以内ノ地域ヲ臨戦地域トシ同時ニ戒厳令ヲ布カレ　司法事務ノ軍事ニ関スル事件ニ限リ戒厳地ノ要塞司令官若クハ戦時指揮官ヲ置キタル場合ハ同指揮官ニ管掌ノ権ヲ委ネラル
明治四十年八月二十五日
夜函館東川町ヨリ出火アリ所属官舎、検事長官舎外六棟焼失セリ此ノ復旧工事ハ翌年五月二十八日完成シタリ
明治四十四年八月二十一日
大正天皇皇太子殿下御時代北海道御巡幸ノ際控訴院ニ台臨アラセラレ訟廷ヲ御覧被遊　地方及区裁判所高等官一同モ拝謁ヲ賜ル

裁判所の位置は、以下のとおり変わった。

明治七年一月、函館裁判所は、基坂にあった開拓使函館支庁内に置かれた。明治八年九月三十日、新庁舎が南新町（元町十八番地）の坂の途中に石垣を積んで建てられた。

写真では、白亜の二階建ての立派な建物である。場所は、元町配水場下の現「函館山山麓駐車場」。敷地は、四十七間（約八六メートル）×五十五間（約一〇〇メートル）、二、五八五坪（約八、五三〇平方メートル）である。建物のデータは残されていない。

明治三十一年二月十三日、函館控訴院・同地方裁判所・同区裁判所の合同庁舎が潮見町二四、二五、二六番地（現青柳町一〇番地）に建築された。現在、潮見中学の建っている場所である。敷地は、六、七六八坪五合（二万二、三三四平方メートル）である。

函館山の山裾の小高いところに建てられ寺院風で豪壮な建物である。


函館は大火の多いところである。明治年代には、同四年一、一二〇戸、同六年一、三一〇戸、同十二年二、三二〇戸、同二十九年二、二八〇戸、同四十年八、九七七戸が焼失した。裁判所の延焼被害は、明治四十年、大正三年四月八日、昭和九年三月二十一日の大火である。裁判所の焼失は、訴訟記録特に刑事訴訟事件の記録の焼失となることが多く、裁判に重大な影響を与えた。

大正三年四月十一日付で函館地方裁判所所長安井重三から司法大臣宛報告書が残され

ている。

本月八日午前十一時二十分頃、当函館区蓬来町ナル民家ヨリ出火シ、当時風力最モ猛烈ニシテ殊ニ当庁舎ハ風下ニ位シタル為メ、到底類焼ヲ免ルルコト能ハサルモノトメタルヲ以テ、庁員ヲシテ夫々防備ニ努メシメ、且万一ノ場合、附属倉庫ハ安全ヲ保スル能ハサル有様ナリシヲ以テ、当庁及ヒ函館区裁判所民刑事記録登記簿其他重要書類ハ、総テ庁舎後方ノ高地ニ搬出セシメ、火焔庁舎ニ及フルニ於テハ、更ニ一層安全ノ地ヘ運搬スルノ準備ヲ為サシメタルニ、幸ニシテ庁員極力防備ノ結果、庁舎ハ災厄ヲ免レタリ

昭和九年三月、函館大火では青柳町庁舎は焼失した。しかし、古文書は焼失を免れた。その経過を確認できないが奇跡である。庁舎は、昭和十二年七月二十一日上新川町に新築された。

裁判管轄

明治二十三年八月十一日、「裁判所位置及管轄区域改定ノ件」により、函館地方裁判所および管下の区裁判所の位置・管轄区域が定められた。

函館地方裁判所管轄表

	区裁判所	国	管轄地
函館	函館	渡島	函館区 亀田郡 上磯郡 茅部郡
		胆振	山越郡
	江差	渡島	桧山郡 爾志郡
		後志	久遠郡 太櫓郡 瀬棚郡 奥尻郡
	福山	渡島	松前郡
	寿都	後志	島牧郡 寿都郡 歌棄郡 磯谷郡

明治二十年十二月三十一日現在の管轄地人口は、一六万五、三九五人である。

函館区裁判所

設置

明治十年二月十九日、函館区裁判所が設置された。明治十四年十月六日函館治安裁判所、明治二十三年八月十一日函館区裁判所に改称された。

裁判管轄

函館区裁判所の管轄は、

函館区　亀田郡　上磯郡　茅部郡　山越郡

である。函館治安裁判所の管轄は、区裁判所と同一である。

管轄地の状況

明治二十年十二月三十一日現在の管轄地の人口は、九万二、一〇八人である。

管轄地は、函館区とその西部地区の亀田・上磯郡と東部地区の茅部・山越郡である。漁業が盛んである。春期にはニシン漁、夏期にはイカ漁でにぎわった。このため、季節的に漁民数が変動し、民・刑事件にも反映する。

明治十三年七月、函館区役所が函館区、亀田・上磯郡役所が亀田、茅部・山越郡役所が森に置かれた。同二十一年三月郡役所が統合され亀田・上磯・茅部・山越郡役所が七飯に置かれた。明治三十年十一月、郡・区役所が廃止され函館支庁（所管地　函館区）・亀田支庁（所管地　亀田・上磯郡・茅部・山越郡）が置かれた。明治三十二年十月、区制施行により函館支庁は廃止され函館区となり、亀田支庁は函館支庁に改称し函館に移転した。明治三十六年十二月函館支庁は松前支庁を併合した。

福山区裁判所

設置

明治八年十一月二十九日、福山区裁判所が設置された。明治十四年十月六日福山治安裁判所、明治二十三年八月十一日福山区裁判所に改称された。

裁判管轄

福山区裁判所の管轄は、

渡島国　　松前郡

である。福山治安裁判所の管轄は、区裁判所と同一である

管轄地の状況

明治二十年十二月三十一日現在の管轄地の人口は二万一、五五一人である。

『松前町史』資料編第四巻にある古文書から、明治期における松前藩の状況を引用する。

松前郡ハ渡島国ノ差異南角ニ位置シテ…西ハ海ニ面シ、東ハ上磯郡に界シ、西北ハ桧山郡ニ接ス…三面海ニ臨ミ北方山ヲ負ヒ山脈中央ニ聯亘シ支脈縦横ニ起伏ス。…港湾ハ福山、吉岡、福島、宮富、江良町ノ各所アリ。就中福山、吉岡ノ二港ハ船舶輻輳ノ処トス。…村落ハ…三十四ヶ所アリ。福山ハ松前氏居城ノ旧地ニシテ維新前ニアリテハ全道一富ノ地ト称セリ。…戸数ハ現今凡二千四、五百、人口一万二、三千ニ過キス。…区裁判所登記所ハ三ケ所…抑モ福山港ハ松前氏数世ノ居城、依テ以テ全島ヲ統治セシモノ四百余年、明治革命ノ後チ街区稍々衰微シタル者ノ如シト雖モ、…神社仏閣ノ旧記宝物及故家ノ蔵品ヨリ、松前氏四百余年間此ノ土ニ依テ以テ大日本北島万里荒波ノ藩塀トナリ、未タ嘗テ北ノ誣辱ヲ蒙ラス版図ヲ今日ニ維持シ来リシ…

松前郡の明治期の人口は、二万人を前後していたが、明治四十年から減少傾向を辿った。ニシン漁の衰退傾向が反映された。

明治十二年七月、津軽・福島郡役所が福島に置かれた。明治十四年七月、津軽・福島郡を合併し松前郡とし、松前郡役所に改称され福山に置かれた。明治三十年十一月、郡役所は廃止され松前支庁が置かれた。明治三十六年十二月函館支庁に合併された。

江差区裁判所

設　置

明治十一年一月七日、江差区裁判所が設置された。明治十四十月六日江差治安裁判所、明治二十三年八月十一日江差区裁判所に改称された。

裁判管轄

江差区裁判所の管轄は、

渡島国　　檜山・爾志郡
後志国　　久遠・太櫓・瀬棚・奥尻郡

である。江差治安裁判所の管轄は、区裁判所と同一である。

管轄地の状況

明治二十年十二月三十一日現在の管轄地の人口は、三万七、三七〇人である。松前（福山）と並んで、北海道で最も早く開けた地区である。区裁判所も函館、福山に次いで明治十一年設置された。江戸時代からニシンの漁場、北前船の交易港として栄えた。そのため歴史的な史跡が数多く存在している。北前船の交易で財をなした旧中村家住宅は、国の重要文化財に指定されている。

江差の中心地は、江差港である。西部は日本海に面し、東部は山岳地帯である。日本海沖に鴎島があり、これを利用して港を完成したものである。

明治十二年七月、桧山・爾志郡役所が江差、久遠・太櫓・瀬棚・奥尻郡郡役所が久遠に置かれた。明治二十四年三月、両郡役所が統合され江差に置かれた。明治三十年十一日、郡役所が廃止され桧山支庁が江差に置かれた。

寿都区裁判所

設　置

明治十二年八月十三日、寿都区裁判所が設置された。明治十四年十月六日寿都治安裁判所、明治二十三年八月十一日寿都区裁判所に改称された。

裁判管轄

寿都区裁判所の管轄は、

後志国　島牧・寿都・歌棄・磯谷郡

である。寿都治安裁判所の管轄は、区裁判所と同一である。

管轄地の状況

明治二十年十二月三十一日現在の管轄地の人口は、一万三、七六六人である。明治十二年七月、寿都・磯谷・歌棄・島牧郡役所が寿都に置かれた。明治三十年十一月、郡役所は廃止され寿都支庁が置かれた。明治四十三年三月、後志支庁（倶知安）に併合された。

札幌地方裁判所

序説

明治十五年六月二十日、札幌始審裁判所が設置され、管内には、札幌・浦河・増毛・小樽・岩内治安裁判所が置かれた。同二十三年八月十一日、始審裁判所・治安裁判所は地方裁判所・区裁判所に組織変更された。そして管内には、同二十九年三月二十九日稚内・浦河区裁判所、同三十三年三月十三日旭川・室蘭区裁判所、同四十一年四月八日小樽支部が設置された。

大正五年三月六日、旭川・釧路地方裁判所設置された。これにより、北海道の中央地区は札幌地方裁判所、南部地区は函館地方裁判所、北部地区は旭川地方裁判所、東部地区は釧路地方裁判所が管轄することとなった。ここに北海道の裁判所体制が確立した。

札幌裁判所設置の動向

札幌に司法裁判所を設置することは、函館裁判所が設置されて以来の課題であった。北海道の人口は、明治五年十一万一、一九六人、明治十年十九万一、一七二人と倍増し、なかでも札幌は明治五年四万五、四八七人、明治十年六万四、八二一人に増加した。訴訟事件の増加も著しい。札幌は、聴訟が明治六年三件から明治十年九八一件（内勧解六六八）に増加し、断獄も明治五年一五二件から明治十年六三九件に増加した。開拓使本府の札幌設置により政治、社会、経済機能が次第に札幌に集中し、人口、民・刑事事件が増加した。

明治十一年九月三日、「今般開拓使管下札幌へ裁判所ヲ置キ札幌裁判所ト称シ宮城上等裁判所所轄ニ被定候条此旨布告候事」とし札幌裁判所の設置が決定された。しかし、設置が進まない。明治十三年六月三十日太政官府において「札幌裁判所費額ニ再審議」がなされた。それでも札幌裁判所は、設置されなかった。開拓使は、明治十四年十一月十九日太政官に対し札幌裁判所の設置を求める上申書

札幌始審裁判所（明治20年頃）

を提出した。

裁判事務引渡方ノ義上請

札幌裁判所設置ノ義十一年第弐拾三号ヲ以テ布告有之候ニ付当時事務引継方司法省へ及照会候処、経費金額交付等ノ事ニ関シ同省ヨリ再三伺出ノ末当分ノ内現今ノ儘可据置旨後指令相成候段昨十三年十月中回答之有、不得止当使ニ於テ従来ノ通民刑事事務取扱居候共要スルニ行政官吏ヲシテ兼務セシメ候ハ名実完全難相成ヨリ実際多少ノ支障有之、殊ニ新刑法　治罪法実施ニ付テハ彌以テ差支ヲ生シ現況ノ態ニテハ到底治罪法実施難相成、然ルニ一管内ニ在テ函館支庁所轄ノ地方ハ明年ヨリ治罪法実施本庁根室支庁所轄地方ニテハ該法実践不相成時ハ甲乙権衡ヲ異ニシ新法施行ノ美挙全貫不致、且十一年中ノ布告四年ノ永キヲ閲スルモ其実ヲ見ルノ場合ニ至ラスシテハ人民ノ信用如何ニモカンシ施政上大ニ不便ヲ極メ候間、右事務速ニ司法省へ引渡ノ上行政司法ノ区域ヲ判別シ人民ノ幸福一ニ帰スル様致度、此段上請候也

明治十四年十一月十九日　　開拓長官　　黒田　清隆

太政大臣　三条実美殿

明治十年二月十五日、明治維新以来最大にして最後の内乱である西南の役が起きた。政府軍約七万人、旧薩摩軍約三万人の戦であり、政府軍約六、四〇〇人、旧薩摩軍約六、八〇〇人の戦死者を出した激戦であった。政府財政は極度に悪化した。そのため、札幌に司法裁判所設置が遅れた。加えて判事職の養成が進まなかったことも大きな要因と思料される。

明治十五年六月二十日、裁判制度の改革に伴い漸く札幌始審裁判所が設置され、同二十三年八月十一日札幌地方裁判所に改称された。

沿　革

『札幌控訴院並管内裁判所沿革略誌』(大正十五年作成)である。若干の加筆をなした。

明治十四年年十月月六日

上等裁判所ヲ控訴裁判所、地方裁判所ヲ始審裁判所、区裁判所ヲ治安裁判所ト改称シ、明治十五年一月ヨリ実施スル

明治十五年二月八日
函館控訴裁判所、函館始審裁判所、函館・江差・福山・寿都治安裁判所ヲ置ク
開拓使ヲ廃止シ函館札幌根室ノ三県ヲ置ク

明治十五年二月二十五日
旧開拓使庁ニ於テ取扱来リタル裁判事務ハ自今司法裁判所ヲ置キ之ヲ管理セシム

明治十五年六月二十日
札幌県ニ札幌始審裁判所、札幌・浦河・増毛・小樽・岩内治安裁判所、根室県ニ根室始審裁判所、根室・厚岸治安裁判所ヲ置ク　同年七月一日ヨリ開庁ス

明治二十三年二月十日
裁判所構成法公布　控訴院、地方裁判所、区裁判所ニ改称ス

明治二十五年五月四日
札幌始審裁判所同区裁判所庁舎類焼ス　仮庁舎ヲ札幌区北一条西二丁目札幌農

学校内ニ設ケ事務ヲ開始ス　同区北三条西一丁目司法省用地内ニ仮庁舎ヲ新築移転ス

明治二十六年十二月十三日

札幌地方裁判所庁舎新築竣工

明治三十三年三月十三日

旭川・室蘭区裁判所設置

明治三十九年十二月十七日

小樽区裁判所ハ小樽市稲穂町ニ庁舎新築

明治四十一年七月一日

札幌地方裁判所小樽支部設置　重罪公判ヲ除ク民刑事第一審事務ヲ取扱フ

明治四十四年十二月二十八日

稚内区裁判所新築工事竣工

明治四十五年七月一日

札幌地方裁判所及札幌区裁判所ハ札幌区大通西十三丁目ニ新築竣工

明治十五年七月一日、札幌始審裁判所・札幌治安裁判所が開庁した。明治十九年十二月十三日、札幌区北二条西三丁目に新庁舎が完成し移転した。建築位置は、北二条西三丁目の一区画全部である。西側に始審裁判所、東側に治安裁判所が背合わせに建てられた。木造一部二階建、中央の母屋は二階建瓦葺で、付属建物が多く廊下で繋がれていた。周りは、高さ六尺の木の柵をめぐらしていた。

大通の北側は、官庁街で札幌県庁（旧開拓使本庁）、警察署、農学校等が建てられていた。明治十三年、札幌—手宮間の鉄道が開通し、札幌停車場（札幌駅）も完成した。始審裁判所の正門は、駅前道（四丁目道）に面し、治安裁判所は三丁目道に面し、三丁目道を挟んで北一条一、二丁目には広大な敷地をもつ札幌農学校が所在した。

明治二十五年五月四日、札幌大火が発生した。午後九時、南三条西四丁目から出火し、折からの烈風にあおられ、七六〇戸が類焼した。札幌地方裁判所・区裁判所は、全焼した。札幌農学校・演武場（時計台）は、学生が活躍し類焼を免れた。裁判所は、仮庁舎として演武場を使用し、北一条西四丁目の司法省用地に仮庁舎を建てた。本庁舎は、明治二十六年十二月十三日北三条西三丁目の隣接地に建築された。敷地は、北三条西三丁目全体である。

しかし、『新札幌市史』（第三巻）によると「区裁判所、地方裁判所の敷地は、札幌駅前通に面して多数の職員住宅もあり、周辺が官公署、会社事務所、商店、旅館等の集中する場所だったために、裁判所と住宅を他地区に移しここを再開発しようとする動きが（札幌）区会を中心に広まった。移転先として白羽の矢をたてたのは西十丁目以西の陸軍省所管の旧練習場用地である。これを区に払い下げしてもらい、道路を整備して一部を司法省に譲渡し、そこに司法機関を集中する地域を造成しようとした。…こうして裁判所と職員住宅の移転は明治四十五年に完了し、それに隣接して札幌監獄出張所も移され、大通西十二丁目から十四丁目にかけて司法地域が形成されたのである」。この中心となったのが、弁護士村田不二三である。

明治四十五年七月一日、南大通西十三丁目一番地に札幌地方裁判所・区裁判所庁舎が新築され、移転した（司法省告示第三四号）。この頃の札幌は、西部は十五丁目が終りで附近は桑畑が広がっていた。

裁判管轄

明治二十三年八月十一日、「裁判所位置及管轄区域改定ノ件」により札幌地方裁判所の管轄地が定められた。

札幌地方裁判所管轄表（一）

	区裁判所	国	管轄地
札幌	札幌	石狩	札幌区 札幌郡 石狩郡 上川郡 樺戸郡 雨竜郡 空知郡 夕張郡 厚田郡 浜益郡
		胆振	虻田郡 有珠郡 室蘭郡 幌別郡 勇払郡 白老郡 千歳郡
	幌泉	日高	沙流郡 新冠郡 静内郡 三石郡 浦河郡 様似郡 幌泉郡
	増毛	天塩	上川郡 中川郡 天塩郡 苫前郡 留萌郡 増毛郡
		北見	宗谷郡 枝幸郡 利尻郡 礼文郡
	小樽	後志	小樽郡 余市郡 美国郡 積丹郡 高島郡 忍路郡 古平郡
	岩内	後志	古宇郡 岩内郡

明治二十九年三月二十九日、①札幌地方裁判所管内に稚内区裁判所が設置され、管轄地を「北見国」とした。増毛区裁判所の管轄区域を移管したものである。②幌泉区裁判所を浦河区裁判所に移転。

明治三十三年三月十三日、札幌地方裁判所管内に旭川・室蘭区裁判所が設置された。

札幌地方裁判所管轄表（二）

	区裁判所	国	管轄地
札幌	札幌	石狩	札幌区　札幌郡　浜益郡　厚田郡　石狩郡　夕張郡 樺戸郡ノ内　月形村 空知郡ノ内　市来知村　幌内村　沼貝村　幌向村　幾春別村　岩見澤村 栗沢村
		胆振	千歳郡
	旭川	石狩	上川郡　雨竜郡 空知郡ノ内　滝川村　奈江村　歌志内村　富良野村 樺戸郡ノ内　新十津川村
		天塩	上川郡　中川郡

	増毛	天塩	増毛郡　留萌郡　苫前郡　天塩郡
	室蘭	胆振	室蘭郡　有珠郡　幌別郡　白老郡　勇払郡
			虻田郡ノ内　虻田村　弁辺村　礼文村　真狩村
	岩内	後志	岩内郡　古宇郡
		胆振	虻田郡ノ内　倶知安村
	小樽	後志	小樽郡　余市郡　美国郡　積丹郡　高島郡　忍路郡　古平郡
	浦河	日高	沙流郡　新冠郡　静内郡　三石郡　浦河郡　様似郡　幌泉郡
	稚内	北見	宗谷郡　枝幸郡　利尻郡　礼文郡

市来知村／三笠市　沼貝村／美唄市　弁辺村／豊浦町

大正五年三月六日、旭川・釧路地方裁判所設置に伴い管轄の変更がなされた。

札幌地方裁判所管轄表（三）

地方裁判所	区裁判所	管轄地
		札幌区　札幌郡　千歳郡　石狩郡　厚田郡　浜益郡　夕張郡

札幌				
札幌	室蘭	浦河	小樽	岩内
空知郡ノ内 岩見澤町　沼貝村　栗沢村　三笠山村　幌向村　北村 樺戸郡ノ内 月形村　浦臼村	室蘭郡　有珠郡　幌別郡　白老郡 虻田郡ノ内 虻田村　弁辺村 勇払郡ノ内 苫小牧村　安平村　厚真村　鵡川村　似灣　累標　穂別村　辺富内	浦河郡　様似郡　幌泉郡　三石郡　静内郡　新冠郡　沙流郡	小樽区　小樽郡　高島郡　忍路郡　余市郡　古平郡　美国郡　積丹郡	岩内郡　古宇郡　磯谷郡　歌棄郡　寿都郡　島牧郡 虻田郡ノ内 倶知安村　東倶知安村　真狩村　狩太村

似灣《にわん》／穂別村

累標《ゆべしべ》／穂別村

辺富内／似灣《にわん》—穂別村

札幌区裁判所

設　置

明治十五年六月二十日札幌治安裁判所が設置され、同二十三年八月十一日札幌区裁判所に改称された。

裁判管轄

明治二十三年八月十一日、「裁判所位置及管轄区域改定ノ件」により、以下のとおり定められた。

札幌区裁判所管轄表（一）

札幌	石狩	札幌区　札幌郡　石狩郡　上川郡　樺戸郡　雨竜郡　空知郡　夕張郡　厚田郡　浜益郡
	胆振	虻田郡　有珠郡　室蘭郡　幌別郡　勇払郡　白老郡　千歳郡

明治三十三年三月十三日、室蘭・旭川区裁判所の設置に伴う管轄の改定がなされた。

札幌区裁判所管轄表（二）

札幌	石狩	札幌区　札幌郡　浜益郡　厚田郡　石狩郡　夕張郡
		樺戸郡ノ内　月形村
		空知郡ノ内　市来知村　幌内村　沼貝村　幌向村　幾春別村　岩見澤村　栗沢村
	胆振	千歳郡

岩見澤区裁判所が設置されたのは、大正八年三月である。

管轄地の状況

明治二十年十二月三十一日現在の管轄地人口は、四万五、七七七人である。

札幌区裁判所は、札幌区のほか石狩国の札幌・石狩・上川・樺戸・雨竜・空知・夕張・厚田・浜益郡、胆振国の虻田郡・有珠郡・室蘭・幌別・勇払・白老・千歳を管轄した。

そして明治三十三年三月十三日旭川・室蘭区裁判所が設置され、道北は旭川区裁判所、道南は室蘭区裁判所が管轄することとなり、札幌区裁判所は石狩国と胆振国千歳郡を管轄した。

浦河区裁判所（明治33年）

浦河区裁判所

設　置

明治十五年六月二十日浦河治安裁判所が設置され、明治二十三年八月十一日幌泉区裁判所に変更され、同二十九年三月二十九日再び浦河区裁判所となった。

裁判管轄

明治二十三年八月十一日、「裁判所位置及管轄区域改定ノ件」により、以下のとおり定められた。

幌泉区裁判所管轄表

幌泉	日高	沙流郡　新冠郡　静内郡　三石郡　浦河郡　様似郡　幌泉郡

明治二十九年三月二十九日、浦河区裁判所に名称が

変更されたが管轄地の変更はない。

管轄地の状況

明治二十年十二月三十一日現在の管轄地人口は、一万一、七八二人である。日高国は、太平洋岸に面した漁村が多く、請負場所が置かれていた。日高・十勝国は、北海道を南北に縦断する日高山脈を国境とする。南の端は、太平洋岸に及び襟裳岬を形成している。峻厳な山脈である。さらに、浦河郡から様似郡を経て浦幌郡に達するには、アポイ岳（様似山地）がありこれを越えることも容易ではない。

「様似より広尾に至る間は、其海岸難処甚だ多く、殊に襟裳岬を迂回の振るあり。…幕府は…飛驒信濃山編山路切開方を心得たるものを雇ひ、五月を以て東西より開墾に着手す。其内最も危険なる所を様似山道、猿留山道となす」。このような状況の中、裁判所の設置がなされた（『河野常吉著作集』Ⅲ）。

明治十五年六月二十日浦河治安裁判所が設置され日高・十勝国を管轄したが、国境には峻厳な日高山脈があり、海路を辿ることとなる。海は特に冬は荒れる。日高国区裁判所、十勝国区裁判所が必要である。特に罪人を日高山脈を越えて護送することは困難であり、冬期間海路の護送は時期が制約された。

続いて、明治二十三年八月十一日浦河治安裁判所が廃止され幌泉区裁判所が設置され、同時に釧路区裁判所が設置された。十勝国の広尾郡・当縁・十勝郡の住民は、釧路区裁判所の管轄となったので、山越えはなくなった。しかし、浦河郡住民にとっては、様似山地を越えなければならなくなった。幌泉区裁判所は、理解できない。明治二十九年漸く幌泉から浦河に戻り、次いで、明治三十三年三月帯広区裁判所が設置された。これにより、日高国は浦河区裁判所、十勝郡は帯広区裁判所の管轄となった。

増毛区裁判所

設　置

明治十五年六月二十日増毛治安裁判所が設置され、明治二十三年八月十一日増毛区裁判所に改称された。

裁判管轄

明治二十三年八月十一日、「裁判所位置及管轄区域改定ノ件」により、以下のとおり定

増毛治安裁判所（明治18年）

められた。

増毛区裁判所管轄表（一）

増毛	天塩	上川郡　中川郡　天塩郡　苫前郡　留萌郡　増毛郡
	北見	宗谷郡　枝幸郡　利尻郡　礼文郡

明二十九年三月二十九日、稚内区裁判所が設置され、北見国は同区裁判所の管轄と定められた。

明治三十三年三月十三日、札幌地方裁判所管内に旭川区裁判所が設置され管轄の改定がなされた。上川・中川郡は旭川区裁判所の管轄となった。

増毛区裁判所管轄表（二）

増毛	天塩	増毛郡　留萌郡　苫前郡　手塩郡

管轄地の状況

明治二十年十二月三十一日現在の管轄地人口は、七、一八〇人である。天塩・北見国の地域は広大である。天塩国増毛・留萌・苫前・天塩郡は、日本海沿岸に位置し多くの村は漁村である。増毛は、その中心地である。中川・上川郡は、山間・原野である。北見国宗谷・枝幸郡はオホーツク海岸に位置し、利尻・礼文郡は、日本海上の島である。増毛治安裁判所は、明治十五年このよう広大な地区を管轄したものである。

小樽区裁判所・小樽支部

設　置

明治十五年六月二十日、小樽治安裁判所が設置された。同二十三年八月十一日小樽区裁判所に改称された。明治四十一年四月八日、札幌地方裁判所小樽支部が置かれた。

明治二十三年二月十日、裁判所構成法が制定され「地方裁判所ニ属スル民事及刑事ノ事務ノ一部ヲ取扱フ為一若ハ二以上ノ支部ノ設置」することができることが定められた（第三一条）。次いで、同年月十五日司法省令第三号により甲・乙号支部に区分され、

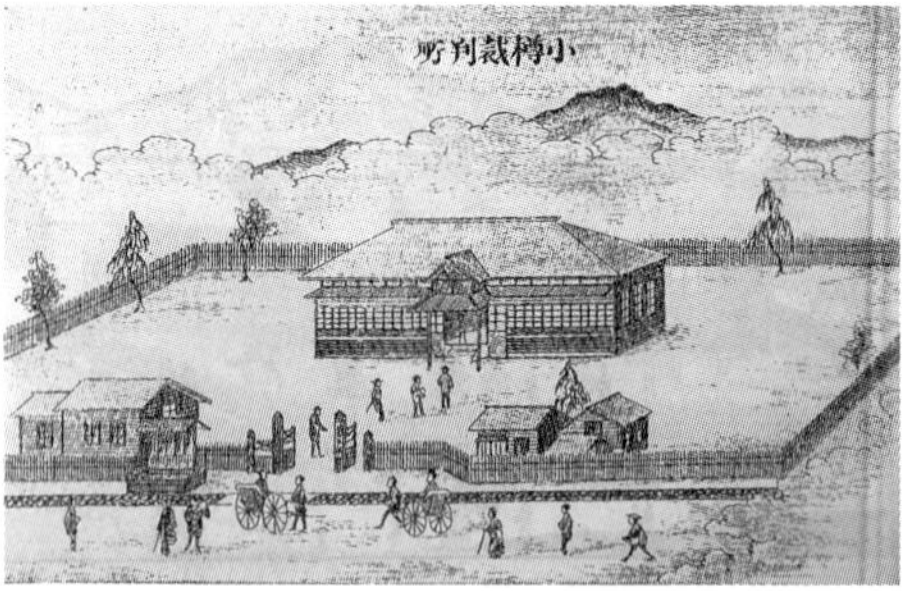

小樽治安裁判所（明治19年）

甲号支部は「重罪公判及民事第二審ヲ除ク外地方裁判所ノ裁判権ニ属スル事務」、乙号支部は「予審ヲ要スルモノヲ除ク外裁判権ニ属スル刑事第一審ノ事務」を取り扱うものと定められた。甲号支部所在地は、全国的に本庁所在地に次ぐ「都市」として認められていた。小樽は甲号支部に指定され小樽・岩内区裁判所を管轄した。

区裁判所庁舎は、開拓使小樽出張所（相生町）の一部を改装開庁した。明治十八年十二月小樽区色内町六八番地に新築された。明治三十九十二月二十七日、小樽区稲穂町に旧庁舎を解体し建築、移転した（司法省告示第三六号）。しかし、明治四十一年には、支部が置かれ、判・検事、職員が増員され庁舎は、極度に狭くなった。そこで、大正十二年小樽在住弁護士の寄付により増築された。

裁判管轄

明治十五年六月二十日、小樽治安裁判所として設置された。明治二十三年八月十一日、小樽治安裁判所は小樽区裁判所に名称が変更されたが、管轄の変更はない。

小樽区裁判所管轄表

小樽	後志	小樽郡　余市郡　美国郡　積丹郡　高島郡　忍路郡　古平郡

明治四十一年七月一日、小樽支部が開庁した。

管轄地の状況

明治二十年十二月三十一日現在の管轄地人口は、三万八、八〇四人である。

小樽は、「明治二年兵部省ノ所轄トナリ次テ開拓使ノ支配ニ帰ス　六年道路ヲ修築シテ札幌ニ通シ十二年更ニ開墾シテ車馬道ヲ設ク　明治六年色内村（今ノ色内町）ノ海岸ニ埠頭ヲ築キ　九年手宮ノ海岸ニ埠頭ヲ設ケ以テ船舶貨物ノ積卸ニ便ス　十四年手宮札幌間ニ鉄道ヲ敷設シ又手宮ノ埠頭ヲ横断シ長サ二百余間ノ桟橋ヲ設ケテ鉄道ノ終端トナス　十六年高島岬ニ灯台ヲ設ク　逐年船舶ノ貨物ノ積卸シ頻繁ヲ極メ…二十二年特別輸出港トナリ…三十年国費（概算二百万円）ヲ以テ十カ年継続事業トシテ築港ニ着手ス三十二年十月区制ヲ施行シ自治体トナル　三十三年八月開港場トナス　今ヤ海ニハ船舶ノ往来頻繁ニシテ各地ト盛ンニ取引ヲナシ陸ニハ汽車アリテ石狩大原野ノ貨物ヲ集散シ市街商業繁盛殆ント函館ト頡頏セントスルノ勢アリ」。（『北海道殖民状況報文』後志国）。

隣接する余市市街は、積丹半島東部地における漁業の中心地であり、果樹園など農業も盛んであった。「忍路、余市、古平、美国、積丹ノ各郡ニ出稼スル漁夫ハ一旦当地ニ集合シ恰モ市場ノ如キモノヲ開キ漁業家ハ之レニ就テ雇入シタルカ為メニ六郡ニ出入スル漁夫ノ集散地ニ当リ皆一時滞留セシヲ以テ市内大ニ繁盛ナリシ」、「明治三十一年鰊就業建網五十七統…収穫一万六千二百二十四石」（『北海道殖民状況報文』後志国）である。農業は、丘上、山腹を開墾し大豆・甜菜等の農産物を耕作し、果樹園を開いた。

司法の状況

『小樽区史』（大正三年版）に司法の状況が記述されている。

「松前藩時代の漁場罰則」―「松前藩時代に於いて犯罪人を処する罰則は、同藩これを定めるも熊石以北の奥地即ち今の後志国においては藩吏及び請負人随意に処せり、窃盗し又は人に傷つけしもの博奕をなすもの密貿易を為せしもの娼妓をおくもの概ね漁場立払を命じ、夜間網を手繰りせしものは船及び漁獲物を没収し、其他重罪に罹るものは松前に送って処分せり」の状況であった。

訴訟事件数（明治四十四年）

	民事訴訟		刑事訴訟	
	新受	判決等	判決有罪	判決無罪
支部	一三七	一二一	三一一	一〇
区裁判所	五九三	六〇一	一、〇三九	七

岩内区裁判所

設置

明治十五年六月二十日、岩内治安裁判所が設置された。同二十三年八月十一日、岩内区裁判所に改称された。

裁判管轄

岩内区裁判所（明治24年）

明治二十三年八月十一日、「裁判所位置及管轄区域改定ノ件」により、以下のとおり定められた。治安裁判所と変わらない

岩内区裁判所管轄表（一）

岩内	後志	古宇郡　岩内郡

明治三十三年三月十三日、区裁判所の設置等により管轄の改定がなされた。胆振国は、札幌区裁判所の管轄であったが、室蘭区裁判所が設置されたことに伴い、胆振国の内倶知安村を管轄するものと定められた。

岩内区裁判所管轄表（二）

岩内	後志	岩内郡　古宇郡
	胆振	虻田郡ノ内　倶知安村

大正二年四月五日、寿都区裁判所を廃止に伴い島牧・寿都・歌棄・磯谷郡を管轄した。

管轄地の状況

明治二十年十二月三十一日現在の管轄地人口は、一万一、三五六人である。

明治二十四年、岩内町に区裁判所庁舎が新築された。岩内・古宇郡は、日本海沿岸の漁村であり、岩内はその中心地である。岩内は、宝暦元年（一七五一）に開基し、西蝦夷では屈指の場所であった。古宇郡泊村には、茅沼炭鉱がある。茅沼炭鉱は、安政三年（一八五六）に発見された。明治時代初期、箱館港を利用する外国蒸気船にとって石炭の確保は重要であった。このため、茅沼炭鉱は開拓使が管理し、茅沼から岩内まで軌道が敷かれ岩内港から箱館港まで輸送されていた。

稚内区裁判所

設　置

明治二十九年三月二十九日、札幌地方裁判所管内に稚内区裁判所が設置され、翌三十

稚内区裁判所（明治30年）

年二月一日、開庁した。

裁判管轄

明治二十九年三月二十九日管轄が定められた。

稚内区裁判所管轄表

稚内	北見	宗谷郡　枝幸郡　利尻郡　礼文郡

管轄地の状況

明二十年十二月三十一日現在の管轄地人口は、三、三八五人である。

稚内区裁判所の管轄は、宗谷・枝幸・利尻・礼文郡で北海道の北部地域である。管轄地は広大である。蝦夷地・北海道の防衛上極めて重要であり、樺太統治時代の拠点であった。宗谷岬から樺太南端まで、僅か

旭川区裁判所（明治33年）

四〇キロである。

宗谷・枝幸郡は、北海道の北沿岸であってオホーツク海に面する。漁業が盛んである。背後地は、宗谷丘陵・北見山地が走る。丘陵・山地は、牧畜が進められた。宗谷郡稚内村は枢要の港があり、北方防衛の拠点である。利尻郡は利尻島、礼文郡は礼文島で漁村が占める。

旭川区裁判所・旭川地方裁判所

設置

明治三十三年三月十三日旭川区裁判所が設置され、翌三十四年二月一日開庁した。大正五年三月六日、道北の中心的都市旭川に旭川地方裁判所が設置された。これにより、道央は札幌地方裁判所、道南は函館地方裁判所、道東は釧路地方裁判所、道北は旭川地方裁判所の裁判所体制が整備された。

明治三十年頃から区裁判所設置の請願書が提出された。その内容は、「上川地方は本道の中央に位置し地味肥沃なので移民が増加し、近隣の人口は四万五千人を下らず、旭川は物資集散の枢地である。しかるにいまだ裁判所の設置がないため、遠く三十余里隔てる札幌にでることは手続と費用を要するため、権利も思うように行使できないので、明治三十三年度において裁判所を設置されたく奉願します。」というものである。明治三十三年三月、区裁判所設置が決定し、翌三十四年二月旭川五条通十一丁目に新庁舎が開庁した。

裁判管轄

明治三十三年三月十三日旭川区裁判所が設置され、管轄が定められた。

旭川区裁判所管轄表

	国	直轄地
旭川	石狩	上川郡　雨竜郡 空知郡ノ内　滝川村　奈江村　歌志内村　富良野村 樺戸郡ノ内　新十津川村

	天塩	上川郡　中川郡

大正五年三月六日、旭川地方裁判所設置に伴い管轄の変更がなされた。

旭川地方裁判所管轄表

地方裁判所	区裁判所	管轄地
旭川	旭川	旭川区　上川郡（石狩国）　雨竜郡　上川郡（天塩国）中川郡（天塩国） 空知郡ノ内 滝川村　砂川村　奈江村　歌志内村　芦別村　江部乙村　音江村　上富良野村　下富良野村　山部村　南富良野村 樺戸郡ノ内 新十津川村 勇払郡ノ内 占冠村
	増毛	増毛郡　留萌郡　苫前郡　天塩郡
	稚内	宗谷郡　枝幸郡　利尻郡　礼文郡

管轄地の状況

明治二十年十二月三十一日現在の管轄地人口は、三、九八九人である。

管轄地は、上川盆地を中心とした道北の山間・畑地である。明治十八年頃から岩村道俊の建議もあり次第に旭川およびその周辺も発展し、人口が増加した。さらに函館・宗谷本線の開通により、農産物等の集積地となり、道北の中心都市に発展した。

明治二十年代になると、北海道への移民の数は急激に増加し、内陸部は、本格的な開拓の時代を迎えた。北海道庁殖民部は、このような時代背景のもとで植民地の沿革、現状を調査した。『北海道殖民状況報文』（石狩国）として、纏められている。上川空知両支庁管内殖民状況について、明治三十三年一月九日付拓殖課事業手一色藤之助の「復命書」を引用する。

鉄道開通後ノ上川　附師団設置ニ就テノ上川

従来上川ノ地タルヤ本道ノ中央ニ位シ殊ニ其四方ハ重畳タル山脈ヲ以テ劃リ只道路トシテ交通スベキハ明治二十一年始メテ開鑿シタル石狩川沿岸崎嶇羊腸タル一ノ坂

路アルニ過ギズ…鉄道工事ノ進行ト共ニ稍景気ヲ恢復シ殊ニ一昨年三十一年七月官設鉄道ノ開通トナリ又昨三十二年ニ入リテハ近文原野ニ師団用地確定セラレ又其工事ニ着手セラレタルヲ以テ旭川市街及ビ同市街ヨリ近文原野ニ至ル沿道ノ如キハ札幌小樽函館ハ云フヲ俟タズ或ハ北見ヨリ或ハ天塩ヨリ商工業者続々移住シ来リテ戸口日ニ増加シ貸家ノ如キハ碑ニ新築ヲナシ…従テ地価ハ非常ノ暴騰ヲナシ一昨三十一年ニ於テハ旭川市街ノ上等地一戸分ハ七八百円位ノ価格ナリシモノガ師団用地確定ト共ニ一躍一千五百円ヨリ二千円ニ暴騰シ又近文原野ノ師団用地附近ニ於テハ明治三十一年末ハ懇成地一万五千坪三百円乃至四百円ニ過ギザリシニ師団用地ノ確定セラル、ヤ一千円ヨリ漸次昂騰シテ二千円ノ売買行ハル…

旭川区裁判所は、このような時期に設置された。

室蘭区裁判所

設置

明治三十三年三月十三日、室蘭区裁判所が設置され、翌三十四年六月一日開庁した。

室蘭区裁判所（明治33年）

裁判管轄

明治三十三年三月十三日、室蘭区裁判所が設置され、管轄が定められた。

室蘭区裁判所管轄表

室蘭	胆振	室蘭郡　有珠郡　幌別郡　白老郡　勇払郡 虻田郡ノ内　虻田村　弁辺村　礼文村 真狩村

弁辺村／豊浦村

管轄地の状況

明治二十年十二月三十一日現在の管轄地人口は、一万八二七人である。

管轄地は、礼文から勇払までの噴火湾―太平洋岸に面する村落である。噴火湾では、伊達藩藩士が入植し伊達村をつくった。室蘭は、天然の良港である。港湾の整備も進められた。開拓使時代、室蘭―森間には、開拓使付属船の定期航路が開設された。明治三十年七月には、岩見澤―輪西間に鉄道が開通し石炭の積出港となった。区裁判所が設置された明治三十三年には、輪西等近隣九か村が合併して室蘭町となった。

明治四十年三月、英国の技術を導入して国産の兵器を製造する会社として、北海道炭砿汽船株式会社、英国アームストロング・ホイットワース社、英国ヴィッカース社の出資により日本製鋼所が設立された。海軍省用地貸下地・官有地払下地・海面埋立地五一万七、〇〇〇坪を工場用地とし、工場が建設された。工事監督は海軍少将岩井耕作であって、海軍省、鉄道省技師等専門家が監督にあった。工事人夫は、最盛期三、〇〇〇人である。

明治四十年四月、北海道炭砿汽船株式会社は、噴火湾一帯に産する砂鉄を原料とした銑鉄製造を目的として、輪西製鉄所を設立した。六〇トン溶鉱炉一基、二〇〇馬力気罐五基などを据え付け、同四十二年十二月操業を開始した。北海道炭砿汽船株式会社は、鉄道等であげた利益を国家的有用事業に投資したものである。本製鋼所・製鉄所の建設は、その建設だけでなく、人口増大、鉄工業製品の生産、港湾整備等に大きな波及効果をもたらし室蘭は大きく発展した。

根室地方裁判所

序説

明治十五年六月二十日、根室始審裁判所が設置された。同二十三年八月十一日、根室地方裁判所に改称された。

大正五年三月六日、根室地方裁判所は釧路に移転し釧路地方裁判所と改称した（法律第一一号）。大正五年三月三十一日、「根室地方裁判所釧路支部ハ之ヲ廃止ス　釧路地方裁判所管内根室区裁判所ニ釧路地方裁判所根室支部ヲ置ク」ものと定められた（司法省令第八号）。北海道の開拓が進み、鉄道・港湾が開発さ

根室地方裁判所（明治24年）

れ農産物・貨物の集積地となった釧路に道東地区の中心が移行し官衙・裁判所が移転した。

沿　革

『札幌控訴院幷管内裁判所沿革史』の沿革要旨は、以下のとおりである。

明治十四年年十月月六日
　上等裁判所ヲ控訴裁判所、地方裁判所ヲ始審裁判所、区裁判所ヲ治安裁判所ト
　改称シ、明治十五年一月ヨリ実施スル
明治十五年二月八日
　開拓使ヲ廃止シ　函館札幌根室ノ三県ヲ置ク
明治十五年六月二十日
　札幌県ニ札幌始審裁判所、札幌・浦河・増毛・小樽・岩内治安裁判所、根室県
　ニ根室始審裁判所、根室・厚岸治安裁判所ヲ置ク　同年七月一日ヨリ開庁ス
明治二十三年二月十日
　裁判所構成法公布　控訴院・地方裁判所、区裁判所ニ改称ス
明治三十三年三月十三日

網走・紗那・帯広区裁判所設置
明治三十七年一月二十七日
帯広区裁判所庁舎焼失
明治三十八年八月十二日
根室地方裁判所釧路支部ヲ置ク　予審事務ノミ取扱フ
大正五年三月六日
根室地方裁判所ヲ釧路ニ移転シ釧路地方裁判所ト改称

裁判管轄

明治十五年六月二十日、根室始審裁判所の管轄が定められた。

根室始審裁判所管轄表

	治安裁判所	府県	国	管轄地
根室	根室	根室県	根室	全国五郡
			千島	全国八郡

		北見	斜里　網走　登呂　紋別
	厚岸	釧路	全国七郡

明治十五年六月二十日「札幌根室ノ各始審裁判所ニ於テハ当分ノ内治罪ノ手続便宜取計且重罪犯ハ之ヲ審訊シ証拠擬律案ヲ具ヘ函館控訴裁判所ノ批可ヲ得テ後宣告スヘシ」とし、札幌・根室始審裁判所の体制が確立するまでの暫定的措置がとられた。札幌・根室庁管内裁判所は、明治十五年七月一日開庁した。

明治二十三年八月十一日、「裁判所位置及管轄区域改定ノ件」により、根室地方裁判所および管下の区裁判所の位置・管轄区域が定められた。

根室地方裁判所管轄表（一）

	区裁判所	国	管轄地
	根室	根室	根室郡　花咲郡　野付郡　標津郡　目梨郡
		北見	斜里郡　網走郡　登呂郡　紋別郡

根室		千島	国後郡　振別郡　択捉郡　紗那郡　蘂取郡　得撫郡　新知郡　占守郡　色丹郡
	厚岸	釧路	厚岸郡
	釧路	釧路	白糠郡　釧路郡　川上郡　阿寒郡　足寄郡
		十勝	広尾郡　当縁郡　十勝郡　中川郡　河西郡　河東郡　上川郡

明治三十三年三月十三日、札幌地方裁判所管内に旭川・室蘭区裁判所、根室地方裁判所管内に紗那・網走・帯広区裁判所設置、管轄は表のとおりである。なお併せて明治三十三年三月十三日現在の根室地方裁判所の管轄を整理した。

根室地方裁判所管轄表（二）

区裁判所	国	管轄地
根室	根室	根室郡　花咲郡　野付郡　標津郡　目梨郡
	千島	国後郡　得撫郡　新知郡　占守郡　色丹郡
紗那	千島	蘂取郡　振別郡　択捉郡　紗那郡

根室			
	網走	北見	網走郡　斜里郡　登呂郡　紋別郡
	釧路	釧路	釧路郡　白糠郡　川上郡　阿寒郡　足寄郡
	帯広	十勝	広尾郡　当縁郡　十勝郡　中川郡　河西郡　河東郡　上川郡
	厚岸	釧路	厚岸郡

管轄地の状況

明治二十年十二月三十一日現在の管轄地人口は、二万二、二一六人である。

根室地方裁判所の管轄地は、北海道の道東地区である。海岸部は、根室・知床半島をかかえ、根室・釧路港が漁業基地を形成している。内陸部は十勝平野をかかえ肥沃である。

根室地方裁判所は、千島列島を管轄する。千島列島は、カムチャツカ半島から北海道にまで連なる島々である。主な島は、東から西に占守・得撫・択捉・国後・色丹島である。

千島列島の帰属は、①安政元年日露和親条約により、択捉以西を日本領、得撫島以東をロシア領とした。②明治八年樺太千島交換条約により、樺太をロシア領、千島得撫島以東を日本領とした。ここで千島列島は、日本領になり裁判管轄を定めることとなった。

根室区裁判所

設　置

明治十五年六月二十日、根室治安裁判所が設置された。同二十三年八月十一日根室区裁判所に改称された。

裁判管轄

根室治安裁判所の管轄は、次のとおりである。

根室治安裁判所管轄表

根室	根室	全国五郡
	千島	全国八郡
	北見	斜里　網走　登呂　紋別

明治二十三年八月十一日、「裁判所位置及管轄区域改定ノ件」により、区裁判所の管

轄が定められた。

根室区裁判所管轄表（一）

根室	根室	根室郡　花咲郡　野付郡　標津郡　目梨郡
	北見	斜里郡　網走郡　登呂郡　紋別郡
	千島	国後郡　振別郡　択捉郡　紗那郡　蘂取郡 得撫郡　新知郡　占守郡　色丹郡

明治三十三年三月十三日、紗那・網走・帯広区裁判所の設置等により以下のとおり管轄が改定された。

根室区裁判所管轄表（二）

根室	根室	根室郡　花咲郡　野付郡　標茶郡　目梨郡
	千島	国後郡　得撫郡　新知郡　占守郡　色丹郡

大正二年四月五日、紗那区裁判所を廃止に伴い管轄が改定された。

根室区裁判所管轄表（三）

根室	根室郡　花咲郡　野付郡　標茶郡　目梨郡 国後郡　得撫郡　新知郡　占守郡　色丹郡　蘂取郡　振別郡　択捉郡　紗那郡

管轄地の状況

明治二十年十二月三十一日現在の管轄地人口は、一万三七人である。

根室区裁判所の管轄は、千島を含み広い。根室・花咲・野付・標茶・目梨郡は、その多くは海岸線に位置し漁業が盛んである。野付郡では、牧畜が進められている。

明治十二年七月、根室・花咲・野付・標津・目梨・国後・得撫・新知・占守郡郡役所が根室に設置された。明治十八年一月、色丹郡も併せ管轄した。明治三十年十一月、郡役所廃止され、根室支庁が置かれた。明治三十六年十二月、蘂取郡　振別郡　択捉郡紗那郡を併せ管轄した。

厚岸区裁判所

設　置

明治十五年六月二十日、厚岸治安裁判所が設置された。同二十三年八月十一日、厚岸区裁判所に改称された。大正二年四月五日、厚岸区裁判所は廃止された。

裁判管轄

厚岸治安裁判所の管轄は、「釧路国」と定められた。厚岸区裁判所に改称され、管轄は「厚岸郡」と改定された。

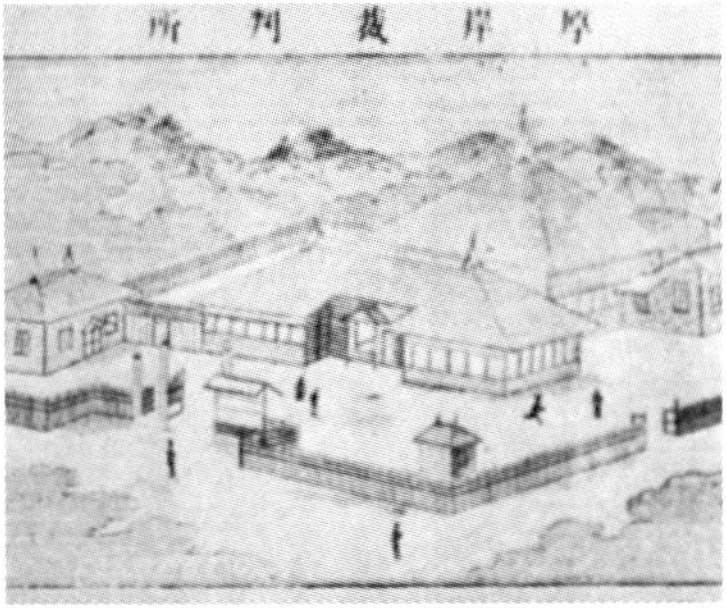

厚岸区裁判所

管轄地の状況

明治二十年十二月三十一日現在の管轄地人口は、一、九六五人である。

厚岸郡は、厚岸湾を中心に展開する。厚岸郡は、厚岸村、落石村等一七村であって、郡として多くの村で構成した。

釧路区裁判所（明治44年）

厚岸湾は、「天然ノ良港」である。多くの船舶が出入れし、「近海航行船舶ノ避難所タリ」。「地勢ハ丘陵高原ニ属シ其傾斜緩カナルヲ以テ牧畜ノ業ヲ営ムニ適セリ平低ノ地ハ琵琶瀬浜中ノ平原及ヒ諸川沿岸ニ在リテ其地積狭キニ非サレトモ概ネ…農耕ヲナシ得ル所ハ比較的少ナシ」（『北海道殖民状況報文』釧路国）。

釧路区裁判所・釧路支部・釧路地方裁判所

設　置

明治二十三年八月十一日、釧路区裁判所が設置された。明治三十八年八月十二日、根室地方裁判所釧路支部が置かれた。大正五三月三十一日、根室地方裁判所釧路支部は廃止され、同年三月六日、釧路地方裁判所が設置された。

釧路港を中心に次第に人口も増加し、明治三十年釧路支庁が設置され、明治三十三年には町制が施行された。

釧路支部が設置された明治三十八年には、春採炭砿の出炭が始まり、釧路本線も釧路―帯広間が開通した。このように釧路は次第に道東の中心となり、大正五年三月六日釧路地方裁判所が設置された。

裁判管轄

明治二十三年八月十一日、釧路区裁判所が設置され管轄が定められた。

釧路区裁判所管轄表（一）

釧路	釧路	白糠郡　釧路郡　川上郡　阿寒郡　足寄郡
	十勝	広尾郡　当縁郡　十勝郡　中川郡　河西郡　河東郡　上川郡

明治三十三年三月十三日、紗那・網走・帯広区裁判所の設置等により管轄が改定された。

釧路区裁判所管轄表（二）

釧路	釧路	釧路郡　白糠郡　川上郡　阿寒郡　足寄郡

管轄地の状況

明治二十年十二月三十一日現在の管轄地人口は、五、五六七人である。

管轄地は、釧路郡七村、白糠郡三村、川上郡五村、阿寒郡四村および足寄郡四村により構成される。釧路・白糠郡は北海道東海岸、川上・阿寒・足寄郡はその背後地に展開する。

漁業は、昆布・鰊・鮭・鱈等である。鰊が生産高の過半を占める。漁夫は、青森・岩手・秋田・新潟県人が多い。農作物は、馬鈴薯を主とし大豆・燕麦・大麦である。牧畜も盛んである。

釧路市街は、「釧路川口ノ南岸ニ位シ西ハ釧路港ニ臨ミ…地勢タルヤ高台ト低地トヨリ成リ其低地ハ釧路川岸ヨリ海ニ沿ヒ南方ニ向テ細ク延長シ高台ハ此低地ノ東南二方ヲ擁シ…」ている。釧路の発展は、道東の貨物集積地、釧路集治監の設置と安田善次郎による硫黄・石炭事業にある。

明治十八年、樺戸集治監、空知集治監に続いて釧路集治監が標茶に設置された。開設時の囚人は、一二九人であった。明治二九年は、囚人一、三七一人に増加した。

「釧路市街ノ繁栄ハ固ヨリ近傍漁業ノ利アルニ因ルト雖モ其発達ヲシテ最モ顕著ナラシメタルハ明治二十年跡佐登ノ硫黄開採ニ基因」（『北海道殖民状況報文』釧路国）する。

明治二十年二月、安田善次郎（安田財閥）は春島炭砿（春採・太平洋炭砿）、硫黄山（川湯アトサヌプリ所在）を取得し事業を始めた。安田は、釧路川中流の標茶に新式の硫黄精錬所を建設し、硫黄山と精錬所間に鉄道（釧路鉄道）を敷設して事業の近代化を進めた。併せて、精錬所と積み出しの釧路港間の輸送路釧路川は、釧路集治監の囚人による浚渫をした。釧路港からの輸送には、蒸気船を就航させ硫黄、春島炭砿の石炭を積み出した。安田の事業は、多くの労働者を雇用し、事業資材の調達等により、釧路の経済を拡大した。

このようにして、釧路は道東地区の中心として発展し、釧路地方裁判所の設置となった。

網走区裁判所（明治33年）

網走区裁判所

設　置

明治三十三年三月十一日、網走区裁判所が設置され、翌三十四年二月一日開庁した。

裁判管轄

明治三十三年三月十一日、網走区裁判所が設置され管轄が定められた。

網走区裁判所管轄表

網走	北見	網走郡　斜里郡　登呂郡　紋別郡

管轄地の状況

明治二十年十二月三十一日現在の管轄地人口は、一一、三〇九人である。

管轄地は、オホーツク海に面する。網走郡は、北見町が東部地区の要地で市街が繁栄し、その影響で隣接村の農・漁業が発展した。網走村は、沿岸漁業・農業・牧畜の村である。鯨・鮭等多くの水産物を生産した。農業は、小作が中心である。牧畜は、北見国第一の藤野牧場があった。斜里郡は、「南西部ハ原野広潤ニシテ遠ク網走郡ノ原野ニ連ル…北東部ハ知床半島ノ一側ニシテ地形細長悉ク山地ニシテ平野ナリ海岸ハ概ネ断崖絶壁ナリ」(『北海道殖民状況報文』北見国)。登呂郡は、二村が海岸、五村が山間にある。登呂村が郡の中心で漁業が盛んである。紋別郡は、漁村が多い。紋別村は、郡の中心で中央市場の役割を果たしている。幌内・雄武村等は漁業が盛んである。

明治三十四年九月、空知・釧路分監を廃止し、翌十月網走分監が置かれることが決定された。すなわち、網走地方は、釧路分監所在地であった標茶に比して、気候温暖、地味肥沃で、農業監獄経営上有利であり、又当時本道西岸汽船航路拡張の結果、交通運輸も大いに進み、物資の集散供給に便利であって、網走港の繁栄は標茶より大いに優れていたため、農業監獄経営の将来性を考慮したものである。監獄の移動者は、職員一五〇名、囚人五五〇名である。この監獄移動は、経済的効果もあり網走発展の一要因となった。

明治後期から石北線(旭川―遠軽―北見―網走間)の工事が着工した。開通は、昭和七年になったが工事による経済効果が大きいものであった。

網走郡十四村　斜里郡五村　登呂郡七村　紋別郡一〇村である。明治二十九年末現在の人口は、網走郡三、三二八人　斜里郡五二〇人　登呂郡六〇三人　紋別郡二、六一三人である。

帯広区裁判所

設　置

明治三十三年三月十三日、帯広区裁判所が設置され、同三十五年十二月二十日開庁した。

裁判管轄

明治三十三年三月十三日、帯広区裁判所が設置され管轄が定められた。

帯広区裁判所管轄表

帯広	十勝	広尾郡　当縁郡　十勝郡　中川郡　河西郡　河東郡　上川郡

帯広区裁判所

大正二年四月五日、厚岸区裁判所を廃止に伴い厚岸郡を管轄した。

管轄地の状況

明治二十年十二月三十一日現在の管轄地人口は、二、三五八人である。

帯広区裁判所の管轄地は、十勝国である。十勝国は、広尾郡一村（一郡一村）、当縁郡三村、十勝郡六村、中川郡二三村、河西郡一二村、河東郡五郡、上川郡二村で構成された。海岸線は、日高山脈から茂寄（広尾）港までは海岸に山迫り絶壁である。昆布を産する。釧路国の国境直別川までは屈曲が乏しい。山間部は広大である。日高山脈―十勝岳に多くの山が連なる。河川は、十勝川、芽室川、然別川、音更川、帯広川等が山間部を流れる。原野は、石狩国に次ぎ広大である。漁業は、鰊、鮭、昆布が盛んである。農業は、温暖で積雪も少なく農業の適地である。石狩国と共に農業開拓に力が注がれた。しかし入植者の苦労があった。十勝原野では、晩成社の依田勉三が有名である。明治二十九年以来、開拓が急速に進められた。帯広および音更における耕地は、明治三十九年七、〇〇〇町歩から同四十二年には九、〇〇〇町歩に拡大した。

明治三十一年、旭川—釧路間の鉄道が着工し旭川、釧路双方から工事が始まった。明治三十四年九月旭川—落合、同三十八年十月帯広—釧路間が開通した。全線開通は、狩勝トンネルの難工事で開通が遅れた。しかし、帯広および周辺地の開拓により雑穀の生産が伸び、帯広に集積された。その取引の為、多くの商人が集まった。加えて、帯広—釧路間の鉄道開通は、農産物を釧路港から積出ができることができ、経済活動が活発になった。

明治三十一年末現在の人口は、広尾郡二、〇八二人、当縁郡七二五人、十勝郡二、二三五人、中川郡九、五四五人、河西郡三、六五六人、河東郡一、一九二人、上川郡一〇五人である。

明治期北海道の裁判動向

第一章　裁判管轄地人口

明治期北海道人口調査表

年次	北海道	札幌地区	函館地区	根室地区	全国
二	五八、四六七	一四、五六三	四三、六五〇	五四	三三、一一〇
五	一六八、〇五八	五三、二二七	一〇七、七七二	七、〇五九	三三、三〇〇
十	一八三、〇七九	六三、四三五	一一一、六六一	七、九八三	三四、六二八
十五	二三九、六三二	—	—	—	三六、七〇〇
二十	三二八、六八六	一六〇、八七五	一四〇、八一八	二六、九九三	三九、〇六九
二十五	五〇九、七九八	二七九、四八〇	一七六、八二〇	五三、四九八	四一、〇八九

三十	七八六、二一一	四八七、三五八	二〇九、二一二	八九、六四一	四三、二二八
三十五	一、〇四五、八三一	六九九、七〇七	二三二、一七七	一一三、九四七	四六、〇四一
四十	一、三九〇、〇七九	一、〇二一、三五二	二二四、三七九	一四四、三四八	四八、四八九
四十四	一、六六七、五九三	一、二五二、〇二七	二三五、五九八	一七九、九六八	五一、七五三

単位＝北海道（人）全国（千人）

第二章　裁判の動向

北海道の裁判動向を、「最高裁判所事務総局・明治以降裁判統計要覧」、「函館控訴院同検事局事務成績表」、「司法省民事統計年報」等により纏めた。

開拓使・函館裁判所

民事々件表（開拓使—札幌・根室地区）

年次	新受	既済	未済	年次
明治八年	八四	｜	｜	一八七五
九年	二二四	二二五	四二	一八七六
十年	三一二	二七〇	八四	一八七七
十一年	三七四	四一二	四六	一八七八
十二年	二一六	一九四	六八	一八七九
十三年	三四五	三二三	九〇	一八八〇
十四年	三二五	三三四	八一	一八八一

民事々件表（函館裁判所—函館地区）

年次	新受	既済	未済	年次
明治八年	｜	｜	｜	一八七五
九年	九七八	｜	｜	一八七六
十年	一、三四九	一、三〇九	一六九	一八七七

十一年	九四七	一、〇六九	四七	一八七八
十二年	四七五	五一四	八	一八七九
十三年	三一四	三九九	二三	一八八〇
十四年	九六七	八九六	九四	一八八一

司法省民事統計年報

年次	新受	既済	未済	裁判所
明治十一年	九四七	一、〇六九	四七	函館本庁・福山・函館・江差区
	三七四	四一二	四六	開拓使本庁・根室支庁
明治十二年	四七五	五一四	八	函館本庁・福山・函館・江差区
	二一六	一九四	六八	開拓使本庁・根室支庁
明治十三年	三一四	二九九	二三	函館本庁・函館・福山・江差・寿都区
	三四五	三二三	九〇	開拓使本庁・根室支庁
明治十四年	九六七	八九六	九四	函館本庁・函館・福山・江差・寿都区

	三二五	三三四	八一	開拓使本庁・根室支庁

開拓使は、明治二年七月八日設置され（太政官布告第六二二号）、函館・札幌・根室地区の民・刑事々件を管轄した。次いで司法省は、明治七年一月八日函館裁判所を設置した（太政官達無号）。そこで、札幌・根室地区の民・刑事々件は開拓使、函館地区の民・刑事々件は函館裁判所の管轄に変更した。開拓使は、明治十五年二月八日廃止され（太政官布告第八号）、北海道は司法省裁判所の所管となった。

刑事々件表

年次	新受	既済	未済	年次
明治八年	二五六	—	—	一八七五
十年	二九五	三一八	一四	一八七七
十四年	七二一	一、七九四	一六	一八八一

函館控訴裁判所・控訴院

明治四十四年八月二十一日、皇太子嘉仁親王殿下が函館控訴院を行啓した。「一瀬院長ハ便殿ニ於テ別冊司法事務ニ関スル成績表ヲ奉呈シ且管下司法事務ノ概略ヲ言上シタ」。奉呈文書は、明治四十四年八月二十日付「函館控訴院同検事局及管内各裁判所同検事局事務成績表」である。「言上」・「沿革略誌」・「管轄表」・「民刑事々件数」、「犯罪者比率表」等から構成されている。本成績表は、著者が資料調査の過程で偶然発見したものである。手書きのコピー二三頁である。明治期における北海道裁判所毎の統計資料は、これまで見つからなかった。成績表により、民刑事々件の動向を説明する。

民刑受理件数表

年度	民事々件	刑事々件	年度	民事々件	刑事々件
明治十五年	一五〇	四	明治三十五年	一五〇	六四七
二十年	四二	三〇	四十年	六五	二〇八
二十五年	一〇三	一三〇	四十三年	七九	五二八

三十年	一〇九	二九七			

控訴院は、始審裁判所の判決に対する控訴および重罪事件の始審を裁判する（治罪法第六三、七二条）。したがって、札幌・根室・函館始審裁判所の刑事判決に対する控訴および重罪事件が増加したことが明確である。札幌・根室地区の被告人は、裁判のため函館まで護送が必要であり、鉄道の敷設が進んだとは言え極めて危険な状態であった。

始審・地方裁判所

函館始審・地方裁判所

年度	民事々件	刑事々件	年度	民事々件	刑事々件
明治十五年	三三〇	二六七	明治三十五年	二八八	一、〇〇六
二十年	六二	三七七	四十年	一七七	二三六
二十五年	一四二	四三三	四十三年	二〇九	四八七
三十年	一八一	一、〇六三			

札幌始審・地方裁判所

年度	民事々件	刑事々件	年度	民事々件	刑事々件
明治十五年	二九九	四八八	明治三十五年	四一三	一、二七二
二十年	四六	二六六	四十年	三一五	七六二
二十五年	一九六	六〇〇	四十三年	五三七	一、〇六六
三十年	三三一	一、四六五			

根室始審・地方裁判所

年度	民事々件	刑事々件	年度	民事々件	刑事々件
明治十五年	三六	一七七	明治三十五年	五一	四三三
二十年	一九	一六四	四十年	三五	一四四
二十五年	七五	一八六	四十三年	二六	四一五
三十年	四四	三四七			

地方裁判所の刑事々件は、明治三十年代になって急激に増加した。開拓が進み、移住

者、特に出稼ぎ人が増加したことによるものと推定される。

治安・区裁判所

函館管内民・刑事合算表

年度	函館区	江差区	福山区	寿都区
明治十五年	七〇〇	六五四	一二五	三五六
二十年	七一	二二〇	九七	一一五
二十五年	一、二八二	四八七	七九	三〇六
三十年	一、五八四	四四一	一八六	三四二
三十五年	二、五三一	五〇二	一三六	三七二
四十年	一、七四四	三三七	二九	三九三
四十三年	二、二九四	三九九	八四	三一五

札幌管内民・刑事合算表

年度	札幌区	旭川区	浦河区	増毛区
明治十五年	一七二	—	二六	二一二
二十年	五五	—	四〇	六六
二十五年	七七三	—	四二	三九七
三十年	一、六一五	—	二〇六	三四九
三十五年	二、一五九	一、一一九	一二六	三〇六
四十年	一、四二〇	八六七	一二五	五六四
四十三年	三、〇三七	二、三一八	一七五	七〇三

年度	稚内区	小樽区	室蘭区	岩内区
明治十五年	—	六二〇	—	一八九
二十年	—	一五五	—	六九
二十五年	—	六四〇	—	一五九
三十年	三九九	一、二一五		四五二

三十五年	三九五	一、三六六	五七九	六一三
四十年	三二三	一、〇七九	三二三	五五八
四十三年	四六九	一、八九五	九一〇	五七〇

根室管内民・刑事合算表

年度	根室区	網走区	厚岸区	釧路区	帯広区
明治十五年	八七	―	二〇	―	―
二十年	五八	―	八六	―	―
二十五年	三六〇	―	一一五	四八	―
三十年	四七三	―	一三七	一五六	―
三十五年	四二九	一六六	二〇三	五六一	九
四十年	二三四	一六九	九六	二六五	三八五
四十三年	三三四	三〇七	一七二	五五四	六一九

函館区裁判所は、明治二十五年から事件が一、〇〇〇件を超え同三十五年には二、

五〇〇件に増加した。しかし、同四十、四十三年は若干の低下傾向がみられる。札幌区裁判所は、明治二十五年七〇〇件であったが同三十年一、六一五件、同三十五年には二、〇〇〇件台に増加し、同四十三年三、〇〇〇件台に増加して函館区裁判所を超えた。札幌は、事件数からも北海道の中心地となった。小樽区裁判所は、明治十五年六二〇件で函館・江差区裁判所とほぼ同数で、札幌区裁判所を超えている。明治三十年には、一、〇〇〇件台になった。経済の小樽として定着した。旭川区裁判所は、明治三十三年設置されたが同三十五年には一、〇〇〇件台となり、道北地区の中心として機能を始めた。釧路区裁判所は、明治三十五年には五〇〇件台に増加し、根室区裁判所を超えた。帯広区裁判所は、明治四十三年六一九件で根室地方裁判所管内では最も多い。釧路・帯広は、この頃から道東地区の中心地になることが顕著になった。

第三章　裁　判　例

序　説

国際日本文化研究センターは、明治元年から明治二十三年までの全国民事判決原本を画像化した。本書は、本判決を五件引用している。その経過は、以下のとおりである。

最高裁判所は、平成四年一月二十三日、「事件記録等保存規程」（昭和三十九年最高裁判所規程八号）を改正して、永久保存とされていた民事判決原本につき、保存期間を五十年とし、それを過ぎたものは順次廃棄する決定をした（最高裁判所規程一号）。そして、重要な判決についてでは特別保存するものとした。しかし法学者、弁護士会等から強い反対がなされ、国会においても議論された。そして平成六年七月二十一日、東京大学法学部が最高裁判所に対し「裁判所は、判決原本を大学に移管し、大学はこれを受け入れる。」ことを表明し「国立大学法学部」が判決原本の一時保存が決定した。その後平成一一年六月二三日、「国立公文書館法」（平成十一年　法律第七九号）が公布され「国立公文書館」において判決原本の保存を決定した。次いで、「国際日本文化研究センター」

は、明治元年から明治二十三年までの全国裁判機関の民事判決原本全文を画像化し保存することとした。全国五四九、一〇一件、内北海道は五、六二九件である。そこで、同センターの認可を受け民事判決原本の閲覧を進めたものである。

更に開拓使および函館裁判所の判決につき、函館地方裁判所が現に管理している判決三件を掲示した。

北海道における裁判所は箱館裁判所、箱館府に次いで開拓使がおかれ、開拓使の時代函館裁判所が置かれた。そこで、函館地区は函館裁判所、札幌・根室地区は開拓使が管轄した。そして明治十五年二月八日開拓使が廃止され全国と同じ裁判所の組織となったものである。その経過の概要は、次のとおりである。

明治元年四月十二日　　箱館裁判所を置く（布告第二三三号）
明治元年閏四月二十四日　箱館府を置く（太政官布告第三四二号）
明治二年七月八日　　開拓使設置（太政官布告第六二二号　職員令）

明治五年八月三日	司法省臨時裁判所―司法省裁判所―出張裁判所―府県裁判所―区裁判所（太政官達無号司法職務定制）
明治七年五月二十八日	函館裁判所設置（開拓使達第四八号）
明治八年五月二十四日	大審院―上等裁判所―府県裁判所―区裁判所（太政官布告第九一号大審院諸裁判所職制章程）
明治九年九月十三日	大審院―上等裁判所―地方裁判所―区裁判所（太政官布告第一一四号　地方裁判所設置）（司法省達第六六号　区裁判所設置）
明治十三年七月十七日	大審院―控訴裁判所―始審裁判所―治安裁判所（治罪法太政官布告第三七号治罪法）　↓明治十五年一月一日施行
明治十五年二月八日	開拓使廃止（太政官布告第八号）
明治十九年九月五日	控訴裁判所を控訴院に改正（勅令第四〇号）
明治二十三年二月十日	大審院　控訴院　地方裁判所　区裁判所（裁判所構成法法律第六号）

ここで選択した判例は、以下のとおりである。

民事判決具体的事件表

判決年月日	判決裁判所	事件名	資料場所
開拓使			
明治五年六月十三日	開拓使函館支庁	贋札（刑事）	函館地方裁判所
明治六年九月一日	開拓使函館支庁	減刑（刑事）	函館地方裁判所
明治十五年三月二十七日	開拓使刑法課小樽出張所	月賦貸金請求	国際日本文化研究センター
函館裁判所			
明治七年十一月十七日	函館裁判所	逃走（刑事）	函館地方裁判所
明治十二年四月二十九日	函館裁判所	昆布取戻ノ詞訟	国際日本文化研究センター
札幌裁判所			
明治二十五年十二月二十四日	札幌地方裁判所	漁場分配契約履行之訴訟事件	国際日本文化研究センター
根室裁判所			

明治十六年四月九日	根室始審裁判所	塩切鮭買付約定違変ニ付代価金取戻シ及償金請求ノ訴訟	国際日本文化研究センター
天皇ノ名ニ於テ			
明治二十三年十二月十八日	寿都区裁判所	清算残金請求（明治二十三年民第六四号）	国際日本文化研究センター

開拓使

本章における判決は、①明治五年六月十三日開拓使函館支庁、②明治六年九月一日開拓使函館支庁③明治十五年三月二十七日開拓使・旧刑法課小樽出張所、④明治十五年六月一日開拓使・旧刑法課小樽出張所、⑤明治十五年五月三十日開拓使・旧刑法課小樽出張所の五件である。ここでは、④⑤の本文は記載しない。

裁判所　開拓使函館支庁　裁判官　松平等出仕　権判官

判決年月日　明治五年六月十三日
事件名　贋札事件

申　渡

播州室津
篤屋半四郎手船栄勇丸
沖船頭
三木　四郎兵衛

其方儀旧福岡藩　贋札一件連累之処　不埒ノ廉も無く構な以　且先達而引上ヶ置貨換金　札弐千弐百七拾両下渡ス
右証文申付ル

申六月十三日

松平五等出仕申渡

（北海道立文書館簿書Ｆ一―一一五　函館地方裁判所古文書等目録九）

解　説

明治五年六月十三日、開拓使函館支庁松平等出仕・権判官は旧福岡藩贋札事件につき「構な以」（無罪）を申渡した。

旧福岡藩贋札事件は、明治四年七月福岡藩司法局・通商局が太政官札偽造したとして弾正台により摘発された事件である。太政官札だけではなく、一朱金、二文金、天保銭まで偽造された。二万五千両の偽造金をもって肥後米を買い付けたことが発覚し、五名が斬罪、六十四名が懲役等で処分された。本件は、その中の一人が函館に入港した栄勇丸が多額の札二千二百七十両を所持しており、一味の疑いで吟味されたが「構な以」（無罪）と認定されたものである。

裁判官松平五等出仕は、旧幕府の要職にあり函館戦争に参戦し榎本武陽のもとで副総裁の職にあったものである。明治五年一月函館戦争で降伏したが、翌二月開拓使五等出仕に登用され、函館詰とされ裁判官職として本件を担当したものである。

裁判所　開拓使函館支庁　裁判官　杉浦中判官
判決年月日　明治六年九月—日
事件名　減刑事件

申　渡

山之上元新町
○○○○

其方儀懲役申付ケ置ク
処日数相立ニ付呵責放免ス間　改心以多し家業出精以　多須べし
右町用掛　大橋　宇左衛門

右之通申渡ス間其旨存ス遍シ

明治六年九月

杉浦中判官出席申渡

（北海道立文書館簿書Ｆ一―一二八　函館地方裁判所古文書等目録一二）

解　説

本件は、懲役の服役中一定の期間が経過したので町用掛に預け釈放するもので、その判決言渡がなされたものである。

杉浦誠裁判官は、旧幕府最後の函館奉行で明治二年八月開拓権判官に登用され函館詰とされたものである。明治五年二月開拓判官、同年九月制度変更により開拓中判官に任用された。

判決裁判所　開拓使旧刑法課小樽出張所
判決年月日　明治十五年三月二十七日
事件名　月賦貸金請求

裁判言渡書

月賦貸金請求之訴訟審理ヲ遂ル処

原告申立ル要領ハ月賦償却ノ金額ハ故ニ金弐拾円宛ナルヲ明治十四年七月ヨリ金五円ヲ切捨為メニ明治十四年八月ヨリ明治十五年三月沽拾五円宛償却ヲ受クベキ滞金百貳拾円ナル処被告ヘ配当スベキ金四十円及ビ被告連結ナル坂田寅吉ニ配当スベキ金四十五円ヲ差引残金三十五円ノ請求ヲ得タルトニアリ

被告答弁スル処ハ明治十四年七月廿三日原告ト塾談金貳拾円宛ノ償却高ハ更ニ金拾円ノ切捨勘弁ヲ受ケ談月以降後金拾円宛テ償却スベキ締約ヲナシタリ　故ニ原告ヨリ配当ヲ受クベキ金四拾円トリ通算スレハ却テ原告ヨリ請求スベキ金五円也アリト　然シテ被告甲号証ノ内（明治十四年七月廿三日**金拾五万円掛金請取**）ト記載アルモ　実際金拾円ヲ掛

出シタリ然ルニ原告ニ於テ金拾五万円ト誤記シ渡サシタルヨリ其儘受領シ置タルトアリ
依テ判決スル左ノ如シ
本訴ノ要旨トスル如ハ明治十四年七月以降被告ノ月賦金償額ハ金拾五円ナルヤ将タ拾円ナルヤノ一点ニ外ナラザレハ被告ガ提出セシ甲号証ト原告ガ登記シタル（明治十四年七月廿三日金拾五円掛金請取）トノ一行ヲ審案セザルベカラズ　凡金受領書ヲ要求スル所以ノモノハ其渡シタル金額ノ相違ナルヲ後証トスルモノニ付被告ニ於テ掛出セシ金額ノ甲号証即無尽通面ニ登記ノ高ニ多寡アルトキハ速ニ改正ヲ求メザルベカラス　故ニ原告ノ誤記ナリトシテ其儘受領シ置キタリトノ申タテハ信用シ難クニ付原告登記シタル（金拾五円）ハ二十円の内ヨリ金五円ヲ切捨掛出セシモノト確認シタリ
右ノ理由ニ依リ被告申立不相立原告請求ノ如ク金参拾五円速ニ償却スベキモノト心得ベシ
　　　　但訴訟入費ハ規則之通被告ヨリ償却ス可シ
明治十五年三月廿七日

開拓使・旧刑法課小樽出張所聴訟係

旧八等属　　鹿　島　守　明

旧等外可出仕　　大　淵　親　冨

（「国際日本文化研究センター・民事判決原本」札幌地方裁判所小樽支部簿冊内番号〇〇二）

解　説

判決は、「明治十五年三月廿七日」「開拓使・旧刑法課小樽出張所聴訟係」によりなされた。開拓使は、明治十五年二月八日をもって廃止された（太政官布告第八号）。したがって、本訴は開拓使時代に提起され、開拓使廃止後判決された事例である。

判決裁判所　　開拓使・旧刑法課小樽出張所聴訟係

判決年月日　　明治十五年六月一日

事件名　損害要償之訴
（「国際日本文化研究センター・民事判決原本」札幌地方裁判所小樽支部簿冊内番号〇〇〇三）
判決裁判所　開拓使・旧刑法課小樽出張所聴訟係
判決年月日　明治十五年五月三十日
事件名　貸金催促之詞訟
（「国際日本文化研究センター・民事判決原本」札幌地方裁判所小樽支部簿冊番号〇〇〇四）

函館裁判所

裁判所裁判所　函館裁判所
判決年月日　明治七年十一月十七日
事件名　逃走死刑事件

判　　決

明治七年十一月十七日

陸奥国〇〇　〇〇
懲役人　　〇〇　〇〇

其方儀犯罪掏摸三犯ノ科ヲ以テ　懲役終身ニ被處身分密ニ　懲役場ヲ脱シ逃走スルカ科改定律第三百二条ニ依リ　絞罪申付ル

（北海道立文書館簿書F一一一二〇〇　函館地方裁判所古文書等目録二）

解説

被告人は、窃盗（掏摸）罪で終身刑に処せられ、その服役中懲役場から脱走し絞首刑に処せられた事案である。改定律例第三〇二条は、「凡徴役終身ノ囚人、逃走スル者ハ絞」と定められ絞首刑の宣言がされたものである。

司法職務定制において、府県裁判所が死刑を宣告する場合、「口書ヲ添ヘ本省ニ伺ヒ出テ擬律処分ヲ得テ後決行ス之ヲ断刑伺録ニ記ス」（第五八条、第六五条第四）ものと定められた。そこで函館裁判所は司法省の許可を受け、明治七年十一月十七日判決を言渡した。判決書は、函館裁判所の断刑録に綴られ、現在函館地方裁判所古文書等目録四二に保存されている。

判決裁判所　函館裁判所
判決年月日　明治十二年四月二十九日
事件名　昆布取戻ノ詞訟

「　判決言渡書

昆布取戻ノ詞訟一件審理シ遂ケ判決スル左ノ如シ
原告於テ甲第壱第弐両号仕切書及ヒ甲第三号妙見丸仕切差引牒ヲ証左トシ預昆布取戻請求ニ及フト〇〇甲第壱第弐両号証ハ被告――ヨリ原告宛名ヲ授受スル昆布代金仕切書ナリ

又甲第三号証ハ被告—ニ於テ該昆布代金ノ受払○ヲ示シタル牒簿ニシテ原告ヨリ被告両名ヘ対シ該昆布ヲ附託セシトノ証拠ナキノミナラス被告—カ明治九年十月廿七日吉田—所有船妙見丸ヘ乗組航海中破船急遽ノ際ナルニ原告於テ後証トシテ甲第三号牒簿ヘ調印セシメタリト明言シナカラ漫然之ヲ領置セシヲ以テ視レハ該昆布ハ寄託品ニ非サルヿヲ推知スルニ足ル若シ該証ヲ後日附委品返戻ヲ受ク可キ端緒ト做シ受取タルモノナリト云モ他ニ寄託物タルノ証拠アリ到底魚証ノ申述ナルヲ以テ惣ラ之ヲ採用セシ依テ原告請求不相立事

但甲第四号証ヲ以テ昆布品位精祖ヲ申争フト○○本件ノ要点ニ非サレハ爰ニ裁判セス且訴訟入費ハ制規ノ通原告ヨリ償却スヘシ

明治十二年四月廿九日

判事　井上好武
判事補　根岸敬
判事補　原田務

解説

原告の請求棄却がなされた。明治十二年における判決の形式・詳細の程度である。

札幌裁判所

判決裁判所　札幌地方裁判所
判決年月日　明治二五年一二月二四又は八日
事件名　漁場分配契約履行之訴訟事件

「　判決

右当事者間ノ漁場分配契約履行之訴訟事件ニ付當地方裁判所ハ判決スルヿ左ノ如シ

被告ハ当初ノ契約ニ従ヒ漁場使用者タル抽籤◯ヲ承諾シ
且ツ其抽籤簿ニ押印スヘシ
訴訟費用ハ被告ノ負担トス

事実及争点

原告請求ノ要旨ハ原告等ハ明治廿五年三月二日甲第一号証ノ主旨ニ依リ同年七月廿五日小樽郡役所ニ於テ各村惣代人及漁業組合正副頭取等ト原告ハ被告其他ノ漁業者ノ惣代人トナリ甲第二号証ノ契約ヲ為ス其後同年九月四日美国郡各村共同漁場参拾六統ノ貸下ケノ許可ヲ受ケタルニ付該契約ニ基キ同年十月六日美国郡各村戸長役場ニ於テ戸長及各村総代人立会ノ上右漁場ヲ甲乙ニ分配ヲ遂ケ原告等ハ甲組総代人ニナリテ該漁場ノ内弐拾壱統ノ当籤ヲ得タリ依テ甲第路六号証使用規定第二条ニ基キ抽籤ノ為メ組合漁業者タル被告等ニ抽籤執行ノ通知ヲ為シタルヿハ甲第八号証ノ如クニシテ其結果甲第九号証ノ如ク被告ニモ当籤トナリタリ然ルニ被告ハ異議ヲ主張シ右甲第九号証抽籤簿ニ押印セサルニ付契約ニ基キ抽籤◯ヲ承諾シ抽籤簿ニ捺印ヲ求ムト云ヒ
被告答弁ノ要旨ハ原告陳述ノ如ク漁場貸下ケノ許可ヲ受ケ其三拾六統ノ漁場ヲ甲乙ニ分

配シ二拾壱統ハ被告等甲組ニ当籤ト為リタルコハ事実ナリ然レトモ甲第六号証使用規定なる契約書ハ被告ノ合意シタルコナキニ原告等檀に之ヲ調整シ且ツ甲第八号証抽籤執行ハ被告ノ承諾ヲ得スシテ為シタル抽籤ナレハ不当ノ抽籤ナリ加之元来乙第一号証ノハ印シニ基キ戸長役場ニ於テ戸長立会ノ上抽籤スヘキ約定ナルニ本約条ニ背キ原告等勝手ニ為シタル抽籤ニ付原告請求ニ応シ難シト云フニアリ其所争ノ点ハ本案抽籤ノ方法ハ契約ニ違背シタル無効ノ抽籤ナリヤ否トニアリ

理　由

被告ニ於テハ本案共同漁場分配抽籤ノ方法抽ハ乙第壱号証ハ印証ノ要旨ニ依リ戸長役場ニ於テ戸長ノ立会ノ上執行スヘキモノナルニ原告等ハ右要旨ニ背キ自己勝手ニ為シタル抽籤ナルハ其請求ニ応シ難シニ抗弁スレトモ原告ニ於テハ乙第一号証ハ一旦小樽郡役所ニ差出シタル「アルモ○書面ハ同役所ヨリ却下トナリタルモノニシテ今日無効ノ書面ナリト陳弁シ又被告ノ認ムル甲第二号証契約ハ村惣代人および漁業組合委員其他郡書記ー外一名立会連署ノ上小樽郡役所ニ於テ為シタル正当ノ契約書ニシテ其約○中ニ漁業年期ハ八ケ年ト定メアルニ乙第一号証ハ印証ノ漁業年限ハ四ケ年トアリテ甲第二号証年期ニ抵触シ到底両立スヘカラサル事項アルノミナラス乙第一号証ハ印証ハ漁業使用方法ニ付

小樽郡役所ノ認可ヲ乞フ願書タルニ過キス且ツ認可ヲエタルモノト認ムヘキ文詞ナリ又仮リニ認可ヲ得タルトスルモ之ヲ以テ漁業者間ノ契約ト謂フヲ得サルモノニ付旁甲第二号証ニ対抗スヘキ効力ナキモノトス

又被告ハ甲第六号証各村共同漁場甲組使用規定ハ之ヲ認メスト抗弁スルモ其認ムヘ甲第一号証第三二前条配当ノ処分ハ総代人之ヲ為スモノトス又第四ニ総代人ニ於テ決定シ難キ場合ハ同盟者重立タル発起人壱二名ヲ参加セシメ協議決定スルモノトストアリ且ツ又被告ノ認ムル甲第二号証ニハ和島長作外百壱四名代理トシテ本案原告四名ノ調印アル是等ノ各項ニ基キ原告等ハ甲第六号証ノ通リ規定ヲ為シタルモノナルフヲ推定スルニ充分ナリ而シテ其規定第二条約鼓ニハ廿壱等統漁場ハ其〇寄を以テイロノ二組ニ分チ各組毎ニ抽籤使用セシムルモノトストアルニ依リ尚ホ原告等ハ被告及ヒ各漁業者トウニ対シ明治廿五年十月廿参日抽籤執行スヘキ旨甲第八号証ノ如ク通知シ同日各業者等打寄リ抽籤ノ上甲第九号証当籤簿ヲ調製シ其当籤者ノ氏名ヲ明カニシタル事実ニシテ被告ノ抗弁ハ其理由ナキモノトス又甲第八号証名下ニ押印アルモ実印ニアラス其抽籤ニ付テノ通知ヲ受ケタルフナシト抗弁スルトキモ被告ハ其前日会合ノ席ニ列シアリテ翌日抽籤アルヘキフヲ承知セリト自白セリ然ラハ被告ハ進テ抽籤シ得ヘキ権利アルニモ拘ハラス其抽籤ニ

参加セサルモノニシテ必竟自ラ抽籤ノ権利ヲ　棄シタルモノト謂ハサルヲ得ス要スルニ被告ノ抗弁ハ根拠ナキ抗弁ニシテ徒ラニ自ラ得タル当籤ノ位地最上ナラサル為メ不平ヲ唱フルニ過キサルモノアルハ到底原告請求ヲ拒ムノ理由ナキモノトス

札幌地方裁判所
裁判長　判　事　高　野　孟　矩
判　事　佐　藤　正　路
判　事　長谷川　重四郎」

解　説

明治二十五年七月二十五日小樽郡役所において各村惣代人・漁業組合正副頭取が集会し漁業権三十六統の確認がなされた。本訴は、その漁業権の配分につき争いとなった。原告等は、明治二十五年十月十六日「美国郡各村戸長役場ニ於テ戸長及各村総代人立会ノ上右漁場ヲ甲乙ニ分配ヲ遂ケ原告等ハ甲組総代人ニナリテ該漁場ノ内弐拾壱統ノ当籤ヲ得タ」と主張した。これに対し被告は「二拾壱統ハ被告等甲組ニ当籤ト為リタル〻ハ事実ナリ」と主張し争われた。札幌地方裁判所は、原告の主張を認め判決を言渡した。

明治政府は、明治八年十二月十九日「捕魚採藻ノ為海面所有ノ件」（太政官達第二一五号）により漁場の私有を廃し官有とした。漁場を利用する場合は官庁の許可を受けなければならない。関係布告は、明治八年二月二十日（太政官布告第二三号）、明治八年十二月十九日（太政官布告第一九五号）、明治八年十二月十九日（太政官達第二一五号）である。

根室裁判所

判決裁判所　根室始審裁判所
判決年月日　明治十六年四月九日
事件名　塩切鮭買付約定違変ニ付代価金取戻シ及償金請求ノ訴訟

裁判言渡書

「

塩及鮭買付違反ニ付代償金取戻シ及償金請求ノ訴訟審理ヲ遂ケ始審ノ裁判如左

第　一　条

被告ニ於テ本訴ノ契約ハ明治十四年二月八日鮭漁業ノ資本トシテ塩及米噌ノ類ヲ以テ金壱千三百二十円ノ価格原告ヨリ借用スルノ約定証ヲ交付シタル○其実現ニ塩及米噌等ヲ受理シタルモノニ非サレハ原告ノ請求ニ難応ト答弁スルモ○約定証ノ初項ニ（約定金額正ニ受取候確実也）云云ト記載アルニ於テハ今更之レヲ受取リタルニ非スト主張スルモ一ノ証憑アルニアラサレハ被告答弁相立サル者トス

第　二　条

被告ニ於テ塩及米噌等ハ帆走船稲荷丸ヲ以テ原告ヨリ送致スルノ明言アルヲ其運ヲ怠リ約定ヲ履行セス為メニ被告ハ大ニ漁業ノ盛期ヲ失シ却テ損害ヲ生シタリト主張スルモ徒ニ口頭而已ニシテ証ノ憑ルヘキナシ所謂牽附会ノ説ニシテ被告ノ陳述採用セス

第　三　条

原告ハ被告違約スル○為ノ約定証ニ基キ償金四百四十円請求セントト陳述スルモ損害ノ補

償ト看サスヘキ証ノ憑ルヘキアラサレハ原告ノ陳述採用セス
右ノ理由為ルヲ以テ被告ノ答弁相立ス因テ被告○於テハ元金壱千三百二十円原告ヘ返済可致事
但訴訟入費ハ成規ノ通被告負担スヘシ
明治十六年四月九日　　根室始審裁判所
裁判官　小野鬼塚盛義」

解説

判決は、条文方式で問題点を摘示、判断を示した。判決の方式として注目される。

「**天皇ノ名ニ於テ**」

判決裁判所　寿都区裁判所
判決年月日　明治二十三年十二月十八日

事件名　　貸金請求

天皇ノ名ニ於テ

裁判言渡

原告人　新潟県平民…寄留
市橋○○
代人青森県士族…寄留
斎藤○○
被告人　北海道都寿郡…
士族
佐藤○○

右市橋…ヨリ佐藤…ニ対スル貸金催促ノ訴訟ヲ審理スルニ原告ハ明治二十三年四月八日被告ヘ金十三円七十銭貸与シ返済期限経過スルモ等閑リ居ルニ付今般該金円及約定ノ利子合セテ金十四円九十三銭三厘ヲ請求スル処　被告ニ於テ利子ハ元金返済スル際引去ル

旨ノ口約アリシヲ以テ今之レヲ併セ請求スルハ不当ナリト抗弁スルモ原告ハ如期口約ヲナシタル「之ナシト云ヒ被告ハ原告請求スル本訴ノ元金十三円七十銭借用其証書ヘ利子一円ニ付一ヵ月一銭ヲ相加ヘ返済スル旨ヲ記入シ差入レタルニ相違ナルモ該金円ハ原ト売掛代金ヲ証書ニ改メタルモノニシテ返済スル際利子ハ除ク趣旨ノ口約ニ付今併セテ之ヲ請求受ル謂ハナシト云ヒ其争フ処ハ利子ヲ除ク口約ノ有無如何ニアルモノトス依証拠を審閲シ説明スル左ノ如シ

原告提供スル証書中金一円ニ付一ヶ月一銭宛利子相加ヘ云々トアリテ被告之ヲ取消スノ証拠ナク啻ニ口頭ノ陳述ニ止マルヲ以テ果シテ其約定アリシモノト視ルニ由ナケレハ被告ノ右抗弁ハ採要セス

右ノ理由ニ依リ判決スル左ノ如シ

被告ハ原告請求スル元利合金十四円九十三銭三厘ヲ弁済スベシ訴訟費ハ被告負担スヘシ

明治二十三年十二月十八日ニ於テ一審ノ裁判ヲ言渡ス

寿都区裁判所

判事　上田七郎

裁判所書記　上野寛

解説

明治期における判決を調査している過程で、「天皇ノ名ニ於テ」（赤字）と記載された判決書を見て驚き調査した。調査の結果、事件の内容としても特別なものではない。それが明治二十三年十一月から明治二十四年二月二十五日まで記載された。なぜ「天皇ノ名ニ於テ」と赤字で表示されたか。

司法省は、明治二十三年十一月訓令総第九〇号を以って「民事刑事ノ判決言渡書用紙ハ憲法有効ノ日ヨリ別紙雛形ノ通リ相定ム」「従前ノ罫紙ヲ用ヒ「天皇ノ名ニ於テ」ノ文字ヲ雛形ノ式ニ拠リ記入シテ使用スヘシ」と定めた。しかし、明治二十四年二月二十六日司法省訓令総第一五号は、「第九〇号ヲ廃止」したものである（尾佐竹猛『日本憲法史の研究』第一〇章「天皇の名に於て」三七二頁）。

明治期北海道の弁護士制度

序説

わが国における弁護士制度は、明治時代にフランスの制度にならって作られた代言人制度に始まる。明治政府は、近代的司法制度の整備を急ぎ明治五年八月「司法職務定制」を制定した。代言人についていては、資格の規定はない。しかし、社会の発展に伴い司法制度の確立が進み明治八年四月大審院が設立され、翌九年二月代言人の免許制度が形成された。すなわち、免許により人品が疑われる代言人を排除し、さらに訴訟代理に「代書人・代言人」の区別をなくし「代言人」のみとしたものである。そして明治二十二年二月大日本帝国憲法、明治二十三年裁判所構成法（法律第六号）、民事訴訟法（法律第二九号）、刑事訴訟法（法律第九六号）制定され、わが国の司法制度の整備が進み明治二十六年三月**弁護士法**（法律第七号）が制定されたものである。

司法職務定制（明治五年太政官布告無号）により、代言人制度が設置された。代言人は、弁護士の前身である。目的は、「代言人ヲ置キ自ラ訴フル能ハサル者ノ為ニ代リ其訴ノ事情ヲ陳述シテ冤枉無カラシム　但シ代言人を用フルト用ヒサルトハ其本人の情願ニ任ス」と定められた（第四三条）。冤枉《えんおう》、訴訟を誤りなきものにするためである。しかし、代言人を選任するか否かは、本人の自由である。明治六年六月十八日**代人規則**（太政官布告第二一五号）は、代言人につき「何人ニ限ラス己レノ名義ヲ以テ他人ヲシテ其事ヲ代理セシムルノ権アルヘシ」（第一条）、「代人ハ心術正実ニシテ二十一歳以上ノ者ヲ撰ムヘシ」（第三条）と定められた。

明治六年年七月十七日**訴答文例**（太政官布告第二四七号）が布告された。原告の訴状、被告の答書等の作成、原・被告の代言人としての訴訟行為について規定した。当事者が訴訟代理人として代言人を選任するか否かは自由とした。しかし、代言人制度ができたが、委任状があれば誰でも代理人として裁判所で代理行為ができた。

明治九年二月二十二日**代言人規則**（司法省布達甲第一号）が制定され、代言人となるためには代言人試験に合格し司法卿（司法大臣）の免許を要するものと定められた。明治十三年五月十三日改正代言人規則（司法省布達甲第一号）が制定され、代言人は原告又は被告の委任により「詞訟」代言をなし（第一条）、代言をなすためには所定の試験、司法卿の許可を要し（第二条）、代言人は、大審院および諸裁判所において代言をなしうる（第三条）ものと定められた。弁護士制度の発足である。

明治十三年七月十七日刑法（太政官布告第三六号）、治罪法（太政官布告第三七号）が公布された。刑法の定める刑事々件が治罪法に定める方式により裁判が進められた。代言人は、「弁護人」として選任され刑事裁判が進められたものである。

明治二十六年三月四日弁護士法（法律第七号）が制定され、代言人から弁護士制度に大きく変化した。そして昭和八年五月一日弁護士法（法律第五三号）により、弁護士の職務は裁判所以外の法律事務職務まで拡大した。昭和二十四年六月十日現行弁護士法（法律第二〇五号）が制定された。

札幌代言人組合の設立時期は、明確でない。札幌弁護士会には、明治十六年一月一日付「札幌代言人組合取締規則」が残されている。同規則の末尾には、「右之通改正仕候也」、「認可候事　札幌始審裁判所検事塚田毅代理検事補近藤昜蔵　明治十六年一月十五日」とあり、すでに代言人規則がありその改正規則であることが明らかである。当時、札幌始審裁判所は、所長中村公知所長、判事補三名、検事一名、検事補三名で構成されていた。そのなかで認可者は、「検事塚田毅代理検事補近藤昜蔵」で「検事補」である。

『日本弁護士沿革史』によると札幌弁護士会は、明治二十六年五月一日設立された。函館・根室弁護士会の記録はない。しかし、弁護士登録等を総合すると札幌弁護士会と同時期に設立された。

弁護士登録数の概況は、以下のとおりである。

弁護士登録表

登録年月	全国	北海道	函館	札幌	根室
明治二十六年六月	一、五九四	三四	一七	一四	三

明治四十一年八月	一、九二七	四二	一三	二六	三
明治四十五年七月	二、〇三八	三八	一〇	二四	四

第一章　無免許代言人時代

代言人は、資格はなく誰でもできた。次いで、明治六年六月十八日代人規則（太政官布告第二一五号）が布告され、代人は「心術正実ニシテ二十一才以上ノ者」と定めた。代言人でなくとも代人ができた。

無免許代言人による第一号事件訴状の全文を記載する。函館弁護士会会報第三号、山形弁護士の作成したものを、さらに読みやすくした。

貸金催促之訴状

箱館第二大区二小区弁天町五十五番地

原告人　山　田　右文右衛門

山田右文右衛門煩ニ付長男

代言人　山　田　文　治

青森県下田名部郡永住人之所当酉年五月御当所加籍

箱館第二区二小区弁天町二十五番地榊富右衛門同居

被告人　菊　池　伝　六

明治二巳年八月証文

一　元金　八百円

一　利金　四百円

右証書写左ノ如シ

借用金証文ノ事　本紙引合済　五　島　耕　平 ㊞

一金　八百円　通用金

但利息一か月金二十五円ニ付一分之定

右者先般御商致シ商法元手金トシテ費用×来ル午年十二月中元利返済之定前書之金子慥ニ請取致借用候所実正也　然ル上返金之儀者記載之期日元利共無相違可致返済候　為後念借用証文依之而如件

明治二巳年八月

田名部

菊　池　伝　六

箱館　山田文右衛門殿

右原告人山田文右衛門煩ニ付長男代言人山田文治奉申上候　被告人菊池伝七ェ書面之貸金済方相滞屡掛合候得共彼是引延当惑仕候　折柄当今私儀他借返済方ニ差迫候故近頃一層××催促仕候得共　兎角ニ罷申延際限無之難渋仕候間無与儀奉訴候　何卒被告人伝七被召出延滞納之貸早々済方相成候様ニ仰付相成候様ニ仰付ニ成下置度偏ニ奉願上候

以上

明治六酉年十月三日

右　山田右文右衛門煩ニ付長男
代言人　山　田　文　治㊞
箱館第二大区三少区大黒町八番地
代書人　三　浦　時　治㊞

前書之儀私ヨリ御ヒ申上筈ニ御座候得共煩ニ付長男文治代言人相立候然ル上ハ右文治ヨリ申上候事柄並御回答申上候事柄共後日ニ至リ私ヨリ異議申上間敷候為御証奥印仕候

山　田　右文右衛門㊞

刑法　御役所

第二章　免許代言人時代

明治九年二月二十二日代言人規則の公布により、代言人は免許制となり地方官による検査（試験）に合格することが必要となった。そこで北海道は、開拓使が実施機関となった。

明治十三年五月十三日代言人規則が改正された。試験の実施機関は、検事に変更された。地方裁判所が置かれていない地方は府県が検事の職務を執行する。そこで北海道は、開拓使函館支庁管内は函館地方裁判所、札幌本庁・根室支庁管内は当該本支庁が実施機関となった。明治十四年裁判所制度が改正され、明治十五年一月一日函館始審裁判所、明治十五年七月一日札幌・根室始審裁判所が開庁した。ここで、北海道の代言人試験は、函館・札幌・根室始審裁判所の所管するところとなった。

明治九年九月八日函館支庁から司法卿に対し、坪逸蔵・八木六兵衛・和田元兵衛の代言人免許交付上申がなされた。明治九年十二月一日付で代言人免許交付を決定した。

明治十三年七月三十一日、「東京代言人規則」が認可・布告された。札幌代言人組合は、この頃代言組合を創設したが、文書は残されていない。函館・根室も同様の状況である。

明治十六年一月十五日、「札幌代言人組合取締規則」が改正規則として認可・布告された。

札幌代言人組合取締規則の主な部分を記録としてとどめる。

札幌代言人組合取締規則

第一款　総　則

第一条　此組合ハ明治十三年司法省甲第壱号布達代言人規則ニ依リ札幌始審裁判庁ノ裁判所区域内ニ於テ営業スル代言人ヨリ成立スルモノトス

第二条　此組合ノ規則ハ前条ノ布達代言人規則第十四条ニ掲ゲル八項ノ目的ヲ達センガ為メ議定スルモノトス

第二款　組　合　員

第三条　組合員トナルモノハ司法卿ヨリ代言人ノ准可ヲ受タルモノニシテ其業務ヲ行ハントスルモノハ会長ヘ届テ且組合名簿ヘ記入調印スヘシ

第四乃至七条（略）

第三款　役　員

第八条　此組合ノ役員ハ左ノ如シ

会長　一人
副会長　一人
第九、十条（略）

第四款　議会

第十一条　議会ハ之ヲ分テ二トス
第一　通常議会
第二　臨時議会
第十二、十三条（略）

第五款　品行

第十四条　組合員ハ謹慎ヲ旨トシ苟モ風儀ヲ紊乱シ名誉ヲ棄損スルカ如キ行為ヲナス可カラス

第六款　研究

第十五条（略）

第七款　業務

第十六条　組合員ハ廉直ヲ以テ詞訟ノ依頼ニ応シ専ラ真理ヲ伸暢スヘシト雖モ依頼本人ノ権利ヲ揑造スルカ如キ行為ヲ為ス可カラス

第十七条　組合員ハ正実ヲ以テ詞訟ノ業務ニ従ヒ妄ニ言詞ヲ変更シ又ハ故ナク時日ヲ還延スヘカラス

第十八条（略）

第八款　謝　金

第十九条　代言謝金ハ詞訟ノ主件金高ノ三割ヲ以テ最高ノ定限トシ其範囲内ニ於テ各軽重難易ヲ計較シテ之ヲ依頼人ニ告ゲ其異議ナキ点ニ取極ムヘシ

第二十乃至二十三条（略）

組合設立の理由は、「此組合ノ規則ハ前条ノ布達代言人規則第十四条ニ掲ゲル八項ノ目的ヲ達センガ為メ議定スルモノトス」（第二条）。代言人規則第十四条は、以下のとおり規定する。

一　互ニ風議ヲ矯正スル事

二　名誉ヲ保存スル事
三　法律ヲ研究スル事
四　誠実ヲ以テ本人ノ依頼ニ応スル事
五　強テ本人ノ権利ヲ捏造セサル事
六　妄リニ言詞ヲ変改セサル事
七　故ナク時日を還延セサル事
八　相当謝金ノ額ヲ定ムル事

したがって、札幌代言人組合の設立目的は、代言人に対する監督を目的とするものであり、取締法規である。

第三章　弁護士時代

序　説

明治二十六年三月三日、弁護士法が公布され、弁護士制度が創設された。北海道では函館・札幌・根室弁護士会が、明治二十六年五月一日創設された。明治二十六年六月官報告示された登録弁護士は、函館一七名・札幌一四名・根室三名である。明治四十五年七月三十日現在の全国弁護士総数は、二、〇三八名である。北海道は三八名で函館一〇名、札幌二四名、根室四名である。北海道の開拓状況により変動した。札幌集中の傾向が見られる。

札幌弁護士会

札幌弁護士会は、明治二十六年五月一日設立された。「札幌弁護士会会則」は、残されていない。『札幌弁護士会百年史』によると明治時代の札幌弁護士会長は、以下のとおりである。

年度	会長	年度	会長
明治二十六年	荘子　斌	自明治三十四年 至明治三十五年	藤井民治郎
明治二十七年	小平　元労 仁平　豊次	自明治三十六年 至明治三十九年	村田不二三
自明治二十七年 至明治二十九年	仁平　豊次	自明治四十年 至明治四十一年	藤井民治郎
自明治三十年 至明治三十三年	中西　六三郎	自明治四十二年 至明治四十四年	安東　俊明

『日本弁護士沿革史』は、昭和三十四年三月二十日発刊された。札幌・函館・旭川・釧路弁護士会の「設立」・「設立当時会員数」・「歴代会長」が記録されている。札幌弁護士会は、「設立明治二十六年五月一日」・「設立当時会員数八八名」・「歴代会長　記録散逸により判明分のみ　田代進四郎（初代会長）荘子斌　小平元労　仁平豊次…」とされている。

函館弁護士会

函館弁護士会は、明治二十六年五月一日創設された。『日本弁護士沿革史』によると、「昭和九年三月二十一日の函館大火により記録焼失」したので創設に関する文書も保存されていない。しかし、旧旧弁護士法では、弁護士として職務を行うためには、①弁護士試験に合格すること(第二条)、②各地方裁判所の弁護士名簿に登録すること(第七条)、③弁護士会に加入すること(第二四条)が必要である。そこで、①鈴木左内外一三名は、明治二十六年五月一日函館地方裁判所弁護士名簿に登録した。②各弁護士が明治二十六年五月一日から法廷活動するためには、函館弁護士会の創設が必要である。③その創設がなければ、裁判所係属の裁判も進行しない。これらの状況を総合すると、函館弁護士会は明治二十六年五月一日創設された。帝国弁護士録によると、初代会長は寺田徳助である。

根室弁護士会

根室弁護士会は、明治二十六年五月一日創設された。根室弁護士会の創設事情は、函館弁護士会と同様である。同日、江口淡、手島胤善が弁護士登録をした。帝国弁護士録には、初代会長の記載はない。

旭川弁護士会

大正五年三月六日、旭川地方裁判所が設置されことに伴い旭川弁護士会が創設された。会長入山知一・副会長阿部清道の体制で発足した。大正五年八月八日付「法律新聞」(一、一五五号)は、旭川弁護士会の創設について報道した。

第四章　弁護士会・弁護士の動き

札幌弁護士会

明治二十八年四月八日、「札幌区豊平館東窓ノ下」において、会員八名が出席し総会が開催された。議題は、小平会長が公証人に就任にため辞任に伴う次期会長・副会長選出である。記名方式により実施された。会長は、「五点　仁平豊次、二点　中川一介、一点　夏目辰二」で仁平弁護士が会長に選任された。副会長は、上位二名による決選投票がなされ、夏目辰二、奥村数次郎が各四点で同数となり、年齢上位者で奥村弁護士が選出された。

明治四十年十月十九日、豊平館において臨時総会が開催された。

第一号議案　名義借用未開地貸下事件ニ付当地裁判所検事局ノ執レル方針ニ関シ本会ノ意見ヲ定メ表明スル件

第二号議案　函館控訴院ヲ札幌ニ移転スルノ件

第一号議案は、他人名義を使い北海道国有未開地の借り受けることが詐欺罪に該当するとして検事局が捜査を開始した。弁護士会は、この問題に反対表明しようとするものである。総会では、①他人名義で北海道国有未開地の貸し下げを受けることが詐欺罪となるか、②犯罪として検挙することの北海道開拓に対する影響、③弁護士会はこのような問題で建議できるかである。この臨時総会に監督者として出席していた検事正から、捜査対象を悪質な事案に限定する発言がなされた。結局、「本会は札幌地方裁判所検事局が北海道国有未開地貸下名義借用者を悉く犯罪者なりとし検挙に着手したるは失当なりと認む　然るに今やその方針を極めて狭少なる範囲に止めたるの事実を認むるに足りるを以て汎く本会の意見を司法大臣に建議するの用なしとす。」と決議して終わった。しかし、弁護士会が検事局の捜査に関し意見表明するには、捜査権限の乱用等特別の事情が必要である。

第二号議案は、函館控訴院の札幌移転である。決議は、以下のとおりである。

函館控訴院を札幌に移すの建議

司法大臣松田正久閣下　札幌地方裁判所々属弁護士会は茲に函館控訴院を札幌に移すの建議を進め敢て閣下の採納を求めんと欲す函館上等裁判所を置きてより函館控訴院の設置に至るまで北海道及東北を管轄する第一次の上訴裁判所を常々函館に置きたる所以を考えるに　常時函館は東北に於ける唯一の開港場たりしのみならず　北海道拓殖の事業未だ挙がらずして釧路十勝の如きは荊棘に鎖され札幌小樽如きも尚幼稚の域を脱せず　函館は事実上に於ける北海道の首都にして司法機関のもつ人事百般の事項其多くは函館に関係せざるものなく交通の機関も亦函館をもって中心とし日本州東北の交通機関未だ整わずして青森県の如きは之

を仙台の上訴裁判所管轄のもとに置くの甚だ不便なるものありたるが故に一上等裁判所を函館に設置して以て北海道及青森県を其管轄下に属せしめたるや蓋疑いを容れず　今や青森県は函館控訴院の管轄を離れ　北海道は其進歩実に著大にして　当に往年の観を改めたるのみならず其司法機関に対する人事百般の事情において大いに其関係が異にしたる者あり　全道百三十万の人口其八十万は札幌小樽を中心とする地方にあり　弁護士事務所を札幌地方裁判所の下におくもの三〇人を超へ函館地方裁判所の下におくもの僅に十七名を出でざるの事実は適切に之を説明するものという可し　然り而して近時鉄道の延長連絡によりて釧路十勝地方は頓に札幌に接近し数年を出ずして根室網走も亦是と其事情を同じくす　加之該地方拓殖の進歩は特に函館の中心より離脱し　別に釧路を中心とする北海道東部の一区を為し　而して政治上行政上の首都たる札幌とは又倍々密接の関係を加えんとす　北海道の現状既に是の如くなるのみならず更に其将来を推考するに小樽釧路上川の各地には遠からず一地方裁判所の設置せざるを得ざるに至る可く　従って北海道を管轄するのみを以てするも函館控訴院を札幌に移すの適当なるを見るのみならず樺太地方裁判所を管轄する上に於て又将に其移転の必要な利を信じ

る

司法事務の便宜のために函館控訴院を札幌に移すの必要なる所以は上に述ふる所の如く而して別に特に之を札幌に移すを必要なりとする緊切の一事由あり

北海道庁は行政組織に於いては一つの地方行政庁たりと雖も其権限広くして且大なる其事務の重要にして繁多なる実に内閣各省に次くの官庁たり故に道庁所在地に控訴裁判所を配置両機関をして各其活の妙を完からしむるの必要なるを感するや寔に切なり　是故に札幌地方裁判所所属弁護士会は北海道及樺太に属する司法事務の便宜のために特に司法行政両機関の妙用のために閣下が速かに函館控訴院を札幌に移す処置を許せられんことを望む

明治四十年十一月十六日

札幌地方裁判所々属弁護士会長　藤　井　民　次　郎

全文を引用した。函館は、北海道の首都であったが北海道の政治・行政の中心は札幌となった。北海道東部も釧路が中心となった。釧路、上川（旭川）に地方裁判所を置くこととなる。したがって、控訴院は、函館から札幌に移すべきである。函館弁護士会と札幌弁護士会が対立する構図となった。問題が長引き大正十年十二月十五日、函館控訴院の札幌移転がなされた。

函館弁護士会

函館弁護士会は、函館控訴院の廃止について帝国議会等に対し反対運動を展開した。運動費用として、臨時会費三五円を徴収した。会員一〇人が原告となり臨時会費の支払いをしない会員一人を被告として函館区裁判所に対し「会費請求ノ訴」を提起した。明治十一年十二月二十七日、「原告ノ訴ハ之ヲ却下ス」との判決がなされた。要旨以下のとおりである。

判　　決

原告　鈴木作内
同　三坂亥吉
同　高橋文五郎
同　谷川定次

同　佐藤槌之丞
同　八木橋栄吉
同　馬場民則
同　陸奥原徹
同　青柳新次郎
訴訟代理人　稲垣勝三
兼原告
被告　伊藤隆真
―住所略―

右当事者間ノ函館弁護士会々費金請求ノ証書訴訟事件ニ付当区裁判所ハ判決スル左ノ如シ

主文

原告ノ訴ハ之ヲ却下ス
訴訟費用ハ原告ノ負担トス

事実及理由

原告主張ノ要旨ハ原告及被告ハ共ニ函館弁護士会々員ニシテ明治三十年九月十一日函館弁護士会臨時総会ニ於テ函館控訴院移転ニ関スル建議書ヲ当局大臣ニ提出シ右陳情委員トシテ二名ノ会員ヲ上京セシムル事及委員派出ニ付弁護士会々員一名ニ付金三十円ヲ臨時拠出スル事ヲ決議シ同月十五日限リ各自給付ヲ為スヘシ被告ノ承諾ヲ得置キタルニ被告ハ該給付ヲ為サザルニ依キ請求ヲ為リ之ヲ請求ス且本件ハ証書訴訟トシテ審理ヲ求ムル旨申立テ議事録及再通知書ト題スル文書ヲ以テ其ノ事実ヲ証スト申立タリ　被告抗弁ノ要旨ハ本訴ハ証書訴訟トシテ審理セラルヘキモノニ非ス又弁護士会ノ決議ハ被告ノ与リ知ラサル処ナルニ依リ該決議ニ趣旨ヲ以テ支払スヘキ義務ナキモノナルハ之カ請求ニ応シ難シト云フニアリ…本件原告ノ提出ニ係ル議事録ト題スル文書ハ被告ノ与セサル他人間ノ行動ヲ記録シタルニ止ルモノナルハ之ヲ以テ証書訴訟…ノ適法ノ証拠方法採用スルヲ得ス…再通知書…ヲ以テ本件請求ノ一定数量ヲ証スルヲ得サルモノナレハ原告ノ挙証ハナラサルモノトス説明スル如ク本件証書訴訟ハ之ヲ許ス可カラサル者ト認ムルヲ以テ民事訴訟法第四百八十九条第二項ニ依リ主文ノ如ク判決ス

明治三十一年十二月二十七日
函館区裁判所判事　遠藤恭三郎

本訴の提起につき、疑問が残る。函館弁護士会は、旧旧弁護士法により設立された法人であるから訴訟能力が認められる（第一八条）。したがって、会費の請求権は函館弁護士会にあり、会員にはない。本訴は、この点において請求棄却される。さらに、弁護士会作成にかかる議事録および再通知書は、「一定ノ金額ノ支払」を「証書ニ依リ証スル」証書ではないので、判決の如く請求は却下される（第四八四・四八九条）。問題は、原告となった弁護士は熟知していた。判決前に裁判官からその釈明なされたであろう。何故、本訴訟を提起したか。さらに、弁護士は「弁護士会会則ニ違背シタル所為」は懲戒される（第三一条）。会費の支払は会則で定められているので、懲戒事由となる。伊藤隆真弁護士は、そのことを知っており、又弁護士会長から指導・注意されたであろう。なぜ臨時会費三五円の支払いをしなかったかである。

『函館地方裁判所沿革史』判例編が保存されている。本判決も収録されている。同『沿革史』は、大正十二年作成されたものである。「明治七年函館裁判所ヲ設置サレテ以後大正十二年四月に至ルノ間民刑事訴訟及非訟事件ニシテ特ニ重大ニシテ且ツ社会ノ耳目ヲ惹キタル」事件等を収録したものである。第一号事件として「ハーバー事件」が登載され、ほかに注目したのが本件である。

根室弁護士会から釧路弁護士会には関係書類の引き継ぎはない。旭川弁護士会は、大正五年三月創立された。

北海道弁護士会連合会

明治十三年五月十三日、代言人規則が改正され、代言人組合を創設し代言人の強制加入制度がとられた。これは、代言人組合による代言人の監督制度である。北海道では、函館・札幌・根室代言人組合が創立された。同二十六年三月三日、弁護士法が制定され、代言人が弁護士になり、所属地方裁判所の弁護士会に加入するものとされた。北海道では、函館・札幌・根室地方裁判所所属弁護士会が創立された。

大正十一年六月十一日、札幌市内の豊平館において北海道弁護士協会の創立総会が開催された。弁護士の有志が法律・裁判の改善と会員の交誼のため組織したものである。次いで昭和十四年五月三十一日、北海道樺太弁護士会連合会が札幌・函館・釧路・旭川・樺太弁護士会により組織され、同年七月二十四日となったものである。昭和二十四年九月、現行弁護士法が制定された。同法に基づき、昭和二十六年四月十四日北海道弁護士会連合会が設立された。

北海道弁護士会連合会は、昭和十四年五月北海道樺太弁護士会連合会が創立されてから平成元年をもって五〇年を迎えた。弁護士は、三〇七名である。その記念行事として、「道弁連五十年の歩み」を発刊した。私は、理事長として「発刊の辞」を書いた。

顧みますと北海道における裁判制度は、明治二年七月開拓使が設置され、同年十月開拓使函館出張所に刑法、聴訟の二係を置き、続いて明治三年四月小樽、同四年四月札幌にそれぞれ刑事係を設置したことに始まります。他方弁護士制度は、明治九年二月代言人規則の公布に伴い、開拓使本庁の検査を受け、野崎兼愛、小平元労、牛越宣之助の三氏が免許代言人として、それぞれ函館・札幌において開業されたことに始まります。ここに北海道における弁護士の歴史も百数十年の変遷をかさねたのであります。

平成三十一年三月一日現在の弁護士数は著しく増加し

日本弁護士連合会　四万一、一五九名
北海道弁護士会連合会　一、〇一六名
札幌弁護士会　八〇八名
函館弁護士会　五四名
旭川弁護士会　七三名
釧路弁護士会　八一名

である。

資料編

年表

慶応三年一〇月一四日	**大政奉還**（布告第一号）
慶応三年一二月九日	**王政復古**（布告第一三号）
	↓明治政府成立　総裁　議定　参与
明治元年一月一七日	三職七総督を置く（布告第三六号）
明治元年二月三日	三職八局を置く（布告第七三号）
明治元年四月一二日	箱館裁判所を置く（布告第二三三号）
明治元年閏四月二一日	**政体**（太政官布告第三三一号）
	↓太政官・議政官・行政官・神祇官・会計官・軍務官・外国官・刑法官

↓府・藩・県　九府二三県二七二藩

明治元年閏四月二四日　箱館府を置く（太政官布告第三四二号）

明治元年七月一七日　「江戸」を「東京」に改める（太政官布告第五五八号）

明治元年八月一九日　**箱館戦争始まる**

↓明治二年五月一八日榎本等旧幕府降伏

明治元年九月八日　元号を「明治」に改める（太政官布告第七二六号）

明治二年六月一二日　箱館降伏人処置ヲ軍務官ニ委任ス（沙汰第五二六号）

明治二年六月一二日　訴状・返答書の様式（太政官布告第五二九号）

明治二年六月一七日　版籍奉還（太政官布告第五四三、五四四号）

明治二年七月八日　**職員令**（太政官布告第六二二号）

↓神祇官・太政官・民部省・大蔵省・兵部省・刑部省・宮内省・外務省・**開拓使**

明治二年七月二四日　箱館府廃止（太政官布告第六七〇号）

明治二年八月一五日　蝦夷地を北海道に改称　一一ヵ国に分割（太政官布告第七三四号）

明治二年九月三〇日　「箱館府ヲ改メ開拓使出張所トナシ　箱館ヲ函館ニ改ム」
（維新史史料綱要巻十　二一七頁下）

明治二年九月　開拓使出張所を函館に置く

明治二年九月　開拓使へ犯罪者処分委任ノ権限（太政官指令）

明治三年五月二五日　獄庭規則（刑部省定第三六九号）

明治三年一一月二八日　府藩県交渉訴訟准判規程（太政官布告第八七八号）

明治三年一二月二〇日　新律綱領（太政官布告第九四四号）

明治四年七月九日　司法省を置く（太政官布告第三三六号）

明治四年七月一四日　**廃藩置県**（太政官布告第三五三号）

明治四年七月—日　東京裁判所・解部掛り聴訟取扱大概順序（石井良助・近世民事訴訟法史四〇一頁）

明治五年三月二四日　区裁判所章程（司法省達）

明治五年八月三日　**司法職務定制**（太政官達無号）
↓司法省臨時裁判所・司法省裁判所・出張裁判所・府県裁判所・区裁判所

明治五年九月一四日　札幌ヲ本庁ト定メ支庁ヲ各所ニ設ケ全道分割（太政官達）
明治六年五月二四日　福山・江差事件起こる
明治六年七月一七日　訴答文例（太政官布告第二四七号）
明治七年一月八日　**函館裁判所設置**（太政官達無号）
明治七年五月二〇日　裁判所取締規則（司法省達甲第九号）
明治七年五月二八日　函館裁判所設置（開拓使達第四八号）
　　　　　　　　　↓開拓使函館支庁刑事課の事務は函館裁判所に引継ぎ
明治七年八月一一日　**ハーバー事件起こる**
明治八年四月一四日　大審院を置く（太政官布告第五九号）
明治八年五月八日　司法省・検事職務章程（司法省達第一〇号）
明治八年五月二四日　**大審院諸裁判所職制章程**（太政官布告第九一号）
　　　　　　　　　↓大審院・上等裁判所・府県裁判所
明治八年一一月二五日　開拓使職制并事務章程（太政官布告第二一七号）
　　　　　　　　　開拓使分局章程（開拓使達）
明治九年二月二二日　代言人規則（司法省達甲第一号）

明治九年九月一三日	**地方裁判所設置**（太政官布告第一一四・一一五号）
	府県裁判所を改め地方裁判所二三を置く
	↓大審院・上等裁判所・地方裁判所・区裁判所
明治一三年七月一七日	**刑法**（太政官布告第三六号）
	治罪法（太政官布告第三七号）
明治一三年一二月二日	開拓使職制并事務章程（太政官達第六〇号）
明治一四年一〇月六日	裁判所制度が変更された（太政官布告第五三号）
	↓大審院・控訴裁判所・始審裁判所・治安裁判所
明治一四年一二月二日	大審院諸裁判所代言人所属規則（司法省達甲第八号）
明治一五年二月八日	**開拓使廃止　札幌・函館・根室県を設置**（太政官布告第八号）
明治一五年六月二〇日	札幌・根室始審裁判所設置・管轄を定める（太政官布告第二八号）　同年七月一日開庁
明治一八年一二月二二日	太政大臣職制ヲ廃止シ内閣総理大臣及各省所大臣ヲ置キ内閣ヲ組織ス（太政官布達第六九号）
明治一九年一月二六日	函館・札幌・根室県廃止　北海道庁ヲ札幌ニ支庁ヲ函館・

根室ニ置ク（布告第一号）

明治一九年五月五日　**裁判所官制**（勅令第四〇号）
↓大審院・控訴院・始審裁判所・治安裁判所

明治二二年二月一一日　大日本帝国憲法

明治二三年二月一〇日　**裁判所構成法**（法律第六号）
↓大審院・控訴院・地方裁判所・区裁判所

明治二三年四月二一日　**民事訴訟法**（法律第二九号）

明治二三年八月一一日　函館控訴裁判所　函館・札幌・根室地方裁判所設置（法律第六号）

明治二三年一〇月七日　**刑事訴訟法**（法律第九六号）

明治二六年三月三日　弁護士法（法律第七号）

明治三〇年二月一五日　日本弁護士協会創立

明治三一年一〇月二九日　**東海丸事件**

明治三二年九月四日　札幌・函館・小樽を区とする（内務省令第四六号）

大正五年三月六日　旭川地方裁判所設置　根室地方裁判所を釧路に移転し釧

路方裁判所とする（法律第一一号）

大正一〇年四月八日　函館控訴院を札幌に移転（法律第五一号）

明治期北海道裁判所構成表

設置年月日	第一審裁判所	控訴審裁判所	上告審裁判所
慶応三年一〇月一四日　大政奉還（布告第一号）			
明治元年四月一二日	箱館裁判所（民政方）		
明治元年四月二一日　政体（太政官布告第三三一号）			
明治元年閏四月二四日	箱館府（刑事局）		
明治二年七月八日　職員令（太政官布告第六二二号）			
明治二年七月八日	開拓使		
明治五年八月三日　司法職務定制（太政官達無号）			
明治五年八月三日			司法省裁判所
明治七年一月八日	函館裁判所		

明治八年五月二四日　大審院諸裁判所職制章程（太政官布告第九一号）			
明治八年五月二四日			大審院
明治八年一一月二九日	福山区裁判所		
明治九年九月一三日	函館地方裁判所	宮城上等裁判所	
明治一〇年二月一九日	函館区裁判所		
明治一一年一月七日	江差区裁判所		
明治一二年八月一三日	都寿区裁判所		
明治一三年七月一七日　治罪法（太政官布告第三七号）			
明治一四年一〇月六日各裁判所位置及管轄区画改正（太政官布告第五三号）			
明治一四年一〇月六日	函館始審裁判所	函館控訴裁判所	大審院
	函館治安裁判所		
	江差治安裁判所		
	福山治安裁判所		
	寿都治安裁判所		
明治一五年二月八日開拓使廃止（太政官布告第八三号）			
明治一五年六月二〇日	札幌始審裁判所		

	札幌治安裁判所 浦河治安裁判所 増毛治安裁判所 小樽治安裁判所 岩内治安裁判所 **根室始審裁判所** 根室区裁判所 厚岸区裁判所		
明治一九年五月五日　裁判所官制（勅令第四〇号）			
明治一九年五月五日		函館控訴院	大審院
明治二三年二月一〇日　裁判所構成法（法律第六号）			
明治二三年八月一一日（法律第六二号）	**函館地方裁判所** 函館区裁判所 江差区裁判所 福山区裁判所 寿都区裁判所	函館控訴院	大審院

	札幌地方裁判所		
	札幌治安裁判所		
	幌泉区裁判所		
	増毛区裁判所		
	小樽区裁判所		
	岩内区裁判所		
	根室地方裁判所		
	根室区裁判所		
	厚岸区裁判所		
	釧路区裁判所		
明治二九年三月二九日（法律第六一号）	稚内区裁判所（札幌地方裁判所管内）		
	浦河区裁判所（札幌地方裁判所管内）		
明治三三年三月一三日（法律第五八号）	旭川区裁判所（札幌地方裁判所管内）		

	室蘭区裁判所（札幌地方裁判所管内）		
	紗那区裁判所（根室地方裁判所管内）		
	網走区裁判所（根室地方裁判所管内）		
	帯広区裁判所（根室地方裁判所管内）		
明治三八年八月一二日（法律第二三号）	根室地方裁判所 釧路支部		
明治四一年四月八日（司法省令第一四号）	札幌地方裁判所 小樽支部		
大正五年三月六日（法律第一一号）	旭川地方裁判所		
大正五年三月六日（根室地方裁判所の釧路移転　司法省令第一一号）	釧路地方裁判所		
大正五年三月三一日（司法省令第八号）	釧路地方裁判所 根室支部		

大正一〇年四月八日（函館控訴院札幌に移転法律第五一号）		札幌控訴院	

明治期民事統計年表

年代	年報	地方裁判所	事件数	区裁判所	事件数
慶応三年一〇月一四日　大政奉還（布告第一号）					
明治元年四月二一日　政体（太政官布告第三三一号）					
明治二年七月八日　職員令（太政官布告第六二号）					
明治五年八月三日　司法職務定制（太政官達無号）					
五		開拓使			
六		開拓使			
七		函館裁判所			
		開拓使			
明治八年五月二四日大審院諸裁判所職制章程（太政官布告第九一号）					
一〇	三	函館地方裁判所	一、三四九		

		開拓使	三一二		
一一	四	函館地方裁判所	七六五	函館地区裁判所	一八二
		開拓使	三七四	札幌・根室地区裁判所	
一二	五	函館地方裁判所	二七四	函館地区裁判所	二〇四
		開拓使	二一三	札幌・根室地区裁判所	
明治一三年七月一七日　治罪法（太政官布告第三七号）					
一三	六	函館地方裁判所	三一四	函館地区裁判所	
		開拓使	三四五	札幌・根室地区裁判所	
一四	七	函館地方裁判所	九六七	函館地区裁判所	
		開拓使（明治一五年二月廃止）	三二五	札幌・根室地区裁判所	
一八	一一	函館始審裁判所	一一三	函館地区裁判所	六五四
		札幌始審裁判所	三九	札幌地区裁判所	一五八
		根室始審裁判所	一五	根室地区裁判所	六三
明治一九年五月五日　裁判所官制（勅令第四〇号）					
一九	一二	函館始審裁判所		函館地区裁判所	

		札幌始審裁判所		札幌地区裁判所	
		根室始審裁判所		根室地区裁判所	
二〇	一三	函館始審裁判所	五四	函館地区裁判所	二〇三
		札幌始審裁判所	三七	札幌地区裁判所	一五三
		根室始審裁判所	一六	根室地区裁判所	九一

明治二三年二月一〇日裁判所構成法（法律第六号）

二三	一六	函館地方裁判所	六四	函館地区裁判所	三四五
		札幌地方裁判所	九五	札幌地区裁判所	二七九
		根室地方裁判所	四〇	根室地区裁判所	九一
二六	一九	函館地方裁判所	一三二	函館地区裁判所	一、六一七
		札幌地方裁判所	二〇五	札幌地区裁判所	一、九二四
		根室地方裁判所	六二	根室地区裁判所	四四一
二七	二〇	函館地方裁判所	二五七	函館地区裁判所	一、八二三
		札幌地方裁判所	三五二	札幌地区裁判所	一、六〇〇
		根室地方裁判所	九四	根室地区裁判所	六一二
三〇	二三	函館地方裁判所	一五八	函館地区裁判所	一、二八八

		札幌地方裁判所	二九〇	札幌地区裁判所	二、三五〇
		根室地方裁判所	三四	根室地区裁判所	九五
三一	二四	函館地方裁判所	一七六	函館地区裁判所	一、六六二
		札幌地方裁判所	二九〇	札幌地区裁判所	三、四六〇
		根室地方裁判所	三五	根室地区裁判所	二七八
四四	三七	函館地方裁判所	二一五	函館地区裁判所	一、六五五
		札幌地方裁判所	五一五	札幌地区裁判所	五、六九一
		根室地方裁判所	一三	根室地区裁判所	四五三
四五	三八	函館地方裁判所	一七九	函館地区裁判所	一、五〇八
		札幌地方裁判所	五九一	札幌地区裁判所	六、二九七
		根室地方裁判所	一二	根室地区裁判所	九二四

一、民事裁判の第一審裁判所は、開拓使・地方裁判所（始審裁判所）・区裁判所（治安裁判所）である。

二、事件数は、民事事件第一審訴訟総数（和解・督促事件を除く）である。

三、明治二五年五月四日札幌地方裁判所火災により、明治二十四年分書類焼失した。

参考文献

日本の法制度

最高裁判所　裁判所百年史
石井良助　近世民事訴訟法史（創文社）
石井良助　日本法制史概説（創文社）
中田　薫　法制史論集第三巻下（岩波書店）
平松義郎　近世刑事訴訟の研究（創文社）
林屋礼二　明治期民事裁判の近代化（東北大学出版会）
菊山正明　明治国家の形成と司法制度（御茶の水書房）
小林巳智次　入会権の実証的研究（北海道大学法経会論叢一九三四―〇三）
杉谷昭　明治初年における府・藩・県三治制について（法制史研究一六）
田中彰　明治維新（小学館）
我妻栄外編　日本政治裁判史録（明治・前）」（第一法規）
滝川政次郎　公事師公事宿の研究（赤坂書院）

旧事諮問会編　旧事諮問録　江戸幕府役人の証言（上）（下）（岩波書店）
椎橋隆幸　明治期における弁護士像の研究（鹿児島大学法学論集）
園尾隆司　民事訴訟・執行・破産の近現代史（弘文堂）
服藤弘司　公事方御定書研究序説（創文社）
林屋礼二外編　明治前期の法と裁判（信山社）

開拓使・北海道の法制度

開拓使事業報告　第一・五編
開拓使事業報告附録布令類聚　上・下編
開拓使日誌　明治二年第一号乃至四号
開拓使布令録　明治二年乃至四年
新撰北海道史
新北海道史
新札幌市史
北海道庁　殖民公報（復刻　北海道出版企画センター）
北海道立文書館　研究紀要三、五、一三、一四、一五、一七、一九号

北海道志
北海道立文書館編　北海道の歴史と文書（北海道出版企画センター）
函館地方裁判所　沿革史・判例編
札幌史学会　札幌沿革史（復刻版　北海道出版企画センター）
札幌・函館・小樽区史
松浦武四郎　東西蝦夷山川地理取調日誌上・下（高倉新一郎校訂）（北海道出版企画センター）
秋葉実編　松浦武四郎選集一（北海道出版企画センター）
河野常吉　北海道殖民状況報文　石狩国・後志国・釧路国・日高国・十勝国・根室国（北海道出版企画センター）
馬場脩　樺太・千島考古・民族誌一・二・三（北海道出版企画センター）
鈴江英一　開拓使文書を読む（雄山閣）
榎本洋介　開拓使と北海道（北海道出版企画センター）
竹内運平　北海道史要（復刻版　北海道出版企画センター）
山田幸一　北海道の裁判所史　第一、三、四巻

山形道文　函館弁護士（会）史録第一回乃至第六回（函館弁護士会々報）

拙著　開拓使時代の司法（北海道出版企画センター）

拙著　明治期における北海道裁判所代言人弁護士史録（北海道出版企画センター）

あとがき

弁護士となりましてから五十年になります。そして纏まった著作を進めたのは、この十年であります。

弁護士となりまして著作しましたのは、札幌トヨペット株式会社管財人の「管財人覚書」がはじめてです。そして札幌市教育委員会会長として「教育改革の方向」、北海道調停協会会長として講演原稿の「司法改革の方向」を著作しました。そして平成二十一年七月北海道弁護士会連合会が函館市で開催され弁護士四十年の表彰を受け、その挨拶をすることとなりました。そこで北海道の司法が始まった箱館から北海道の司法を回顧しようとしました。しかし、明治前期における蝦夷地・北海道における司法のことは余り書かれておりません。そこで調査・研究を始め、第一冊として平成二十四年七月二十日「開拓使時代の司法」を刊行したものであります。著作を続け、本書は第五冊であります。弁護士五十年になりました。

本書の著作にあたりましては、市川茂樹（弁護士・元札幌弁護士会会長）、山崎博（弁護士・元札幌弁護士会会長）、吉川武（弁護士・元北海道大学法科大学院講師）の協力をいただきました。ありがとうございました。

私は八十七歳の高齢となりました。これからも法学研究は続けますが、著書は本書をもって終わることといたしました。これまで著作の協力をいただきました諸先生に心からお礼申し上げます。

出版企画センター野澤緯三男社長には「開拓使時代の司法」から本書まで出版をいただきました。ありがとうございました。

令和元年六月十五日

牧口準市

経歴

昭和６年８月　北海道泊村生まれ
昭和24年４月　裁判所職員
昭和44年４月　弁護士
昭和54年11月　北海道公害委員会委員
昭和63年４月　札幌弁護士会会長
昭和63年５月　北海道開発審査会会長
平成元年４月　北海道弁護士会連合会理事長
平成元年10月　札幌市教育委員会委員長
平成３年４月　日本弁護士会連合会副会長
平成14年７月　日本調停協会副理事長

平成13年11月　勲三等瑞宝章
平成18年３月　札幌市政功労者

著作
「管財人覚書」
「教育改革の方向」
「司法改革の方向」
「開拓使時代の司法」
「明治期における北海道裁判所代言人弁護士史録」
「箱館戦争裁判記」
「明治期北海道の司法」（北方新書）

明治期北海道の裁判制度　　北方新書 018

発　行　2019年６月20日
著　者　牧　口　準　市
発行者　野　澤　緯三男
発行所　北海道出版企画センター
〒001-0018　札幌市北区北18条西６丁目２－47
電　話　011－737－1755
ＦＡＸ　011－737－4007
振　替　02790－６－16677
URL　http://www.h-ppc.com/

北方新書の刊行に当たって

当センターが、微力をも省みず、札幌での出版を始めたのは、一九七一（昭和四六）年のことです。埋もれている良心的な原稿を発掘し刊行したいという希望と、これまでに出版された書籍のなかから将来に継ぐに足る良書の復刻などを通して現在に活き返らせ、学問研究の場ほかに広く資料として提示することで、中継ぎ者としての役割をも果たしたいとの願いからでした。二十数年、蝸牛の歩みながら出版事業を続けて来られたのは、北海道に独自な出版への求めがあることを示していると思われます。しかし、他府県におけるような近代以前からの長期にわたる出版活動の積み重ねを見るとき、北海道での本格的なそれは近年になりやっと緒についたばかりと言えましょう。

近年、いわゆる中央思考的なものの考え方から、「地方の時代」「地方分権」など、より地方の、そして地域の大切さが改めて問われています。このことは、今世紀末になって急速に進行しつつある多様な変化が地域や郷土への関心をより強めているという社会的背景があってのことと考えられます。

このような変化の時代にあって地域に根ざし、さまざまな分野にわたる北方新書の刊行が、過去から現代そして未来へのかけ橋となることを期待するものです。

一九九五年四月

北海道出版企画センター